구수영 드림.

한국디카시학 기획시선 013

# 이야기가 있는 디카시
Dica_poem with a story

구수영 디카시 평설집

도서출판 실천

# 이야기가 있는 디카시

한국디카시학 기획시선 013

---

초판 1쇄 인쇄 | 2025년 8월 22일
초판 1쇄 발행 | 2025년 8월 27일

지 은 이 | 구수영
펴 낸 이 | 이어산
엮 은 이 | 이어산
기 획 · 제 작 | 한국디카시학회
발 행 처 | 도서출판 실천
등 록 번 호 | 서울 종로 바00196호  등록일자 | 2018년 7월 13일
| 진주제2021-000009호 등록일자 | 2021년 3월 19일
서울사무실 | 서울특별시 종로구 율곡로 6길 36
02)766-4580, 010-6687-4580

본사사무실 | 경남 진주시 동부로 169번길 12. 윙스타워지식산업센터 A동 705호
055)763-2245, 010-3945-2245  팩스 055)762-0124

편 집 · 인 쇄 | 도서출판 실천
편 집 장 | 김성진

ISBN

값 15,000원

* 이 책은 전부 또는 일부 내용을 재사용하려면 저작권자와 '도서출판 실천'의 동의를 받아야 합니다.
* 이 책의 국립중앙도서관 출판예정도서목록(CIP)은 서지정보유통지원시스템(http://seoji.nl.go.kr)과 국가자료종합목록시스템(http://www.nl.go.kr/kolisnet)에서 이용하실 수 있습니다.
* 잘못된 책은 교환해드립니다

# 이야기가 있는 디카시
Dica_poem with a story

구수영 디카시 평설집

## ■ 저자의 말

지나간 시간은 사라지지 않고 조용히 제자리를
지키고 있습니다. 돌아보면 그 자리는
누군가의 목소리였고 숨소리였으며
그리운 마음이었습니다.
이 책에 담긴 시편들은 그렇게
뒤돌아보다 놓치지 않으려 잡아챈 순간들입니다.
시간이 갈수록 더 깊어지는 것이 있다는 것을
시를 대하며 알게 되었습니다
지난 3년간 경남도민신문
'수요디카시광장'에 연재한 디카시 칼럼을
한 권의 책으로 묶습니다.
좋은 디카시를 쓰신 마흔 분의 시인께 감사드립니다.
누군가의 정지된 시간 앞에서
잠시 멈춰 서는 계기가 되었으면 합니다.

2025년 가을의 길목에서
구수영

■ 차례

## 1부
## 세우다

| | |
|---|---|
| 출발선에서 | · 12 |
| 맞아, 겨울 다음은 봄이지 | · 16 |
| 간격 | · 20 |
| 경계를 본다 | · 24 |
| 느림의 미학 | · 28 |
| 망망대해 | · 32 |
| 봄의 날개 | · 36 |
| 봄의 정치 | · 40 |
| 불립문자 | · 44 |
| 생각하는 그릇 | · 48 |
| 어떤 기도 | · 52 |
| 열정적으로 | · 56 |

## 2부
## 잇다

| | |
|---|---|
| 돌아올 거죠 | · 62 |
| 고뇌 | · 66 |
| 역설적 아포리즘 | · 70 |
| 너희들에게 65 | · 74 |
| 푸른 아이들 | ·78 |
| 퉁소 시인 | ·82 |
| 진정한 자신 | · 86 |
| 지젝의 대답 | · 90 |
| 어머니의 유언 | · 94 |
| 안과 밖 | · 98 |
| 소망 | · 102 |
| 부부싸움 | 106 |
| 보름 | · 110 |
| 별 내리는 밤 | · 114 |
| 목격 | · 118 |
| 뒤란의 가족 | · 122 |

# 3부
# 뒤집다

살곳이를 뒤집다 · 128
법망 · 132
진실 왜곡 · 136
불공정 거래 · 140
빛의 오해 · 144
소뇌위축증 · 148
뒤돌아 갈 때도 우아하게 · 152
맞불 놓기 · 156
습관성 뻥튀기 · 160
연금 상태 · 164
빙렬 · 168
순애보 · 172
인생, 그 폭우 · 176
입춘 · 180
자유 · 184

4부
맺다

시대를 접다 · 190
염려 · 194
중심의 위치 · 198
투영 · 202
틀 · 206
풀이 죽다 · 210
가상 공간 · 214
홍어 · 218
묵음의 필로소피아 · 222
사랑의 온도 · 226
가능성을 보다 · 230
멈춤을 생각하다 · 234
또 새해를 맞습니다 · 238
더부살이 · 242
담백한 여운 · 246
동반자 · 250

1부
보다

# 출발선에서

다시 숨을 고른다

꽃잎 이울듯 남루해진 날개 두 쪽

꽃길 아닌 길에 내려앉아

평생 헤맨 꽃밭을 되짚어보는듯

다른 세계의 문을 열어보려는 듯


_이은솔

2020년 계간 《시와편견》 봄호 디카시 등단
디카시집 『껍데기에 경의를 표하다』,
『연잎의 기술』
2023년 한국디카시학 올해의 시인상 수상

높이뛰기선수 우상혁을 아는지요? 항저우 아시안 게임에서 은메달을 목에 건 국가 대표입니다. 그를 처음 본 것은 2020 도쿄올림픽 높이뛰기 결승경기였지요. 그때 우상혁은 '국군체육부대' 소속 현역 일병 이었지요.

가득 메운 관중의 시선과 높이 날아야 한다는 압박감이 클 텐데 그의 표정이 놀라울 정도로 차분하고 밝았습니다. 출발선에 서서 관중을 향해 박수를 유도했고 자신의 가슴을 두드리며 '괜찮아' 하는 모습은 마치 경기를 즐기는 듯해 보였어요.

경기를 마치고 카메라를 향해 거수경례하던 모습에 눈물이 났어요. 그의 좋은 에너지가 화면을 뚫고 나와서 제게 전달되는 듯했지요.

'스마일 점퍼'로 불리는 우상혁 선수, 그는 경기에 임하기 전이나 후 결과에 상관없이 환하게 웃습니다. 그것은 억지로 짓는 웃음 아니라 자신을 향해 그리고 관중을 향해 보내는 응원입니다. 디카시 '출발선에서'를 읽으며 저는 제가 섰던 수많은 출발선을 생각해 보았지요.

작게는 하루에도 몇 번씩 서게 되는 출발선 출발선은 새로운 희망과 도전이며 설렘과 긴장이 함께 공존하는 곳이지요. 오늘 디카시 주인공은 나비예요. 사진 속 날개를 잘 보십시오. 마치 시든 꽃잎처럼 쭈글 거려요. 지쳐 보이는 날개를 세우고 새로운 시작선에 서 있어요.

 지금까지 살아온 꽃밭이 아니라 다른 길 위에서 평생 살아 나온 시간을 되짚어보며 다른 세계로 날 준비를 하고 있어요. 희망도 느껴지지만 비장함과 두려움도 함께 느껴집니다.

 우리는 끝이라 생각할 때 그곳에서 다시 시작할 수 있고 바닥이라 생각할 때 그곳을 딛고 일어설 수 있다고 합니다.

 출발선에 선 모든 나와 당신들에게 말하고 싶습니다. 그곳이 어디든 방향을 잃지 말고 가십시오. 결과물보다는 가치를 만들어가는 과정을 즐기십시오. 그 과정이 모여 모여 내 삶을 만드는 거라고 생각합니다. 성공한 내게도 실패한 내게도 응원을 보내며 웃어주는 우상혁 선수, 저는 그래서 좋아합니다.

# 맞아, 겨울 다음은 봄이지

하던 일 말아먹고, 할머니 아버지

아들 딸 그리고 아내와 나, 단칸방

냉방에서 눈물로 밥을 먹었습니다

13년 뒤, 조그만 집을 사서 이사를 했습니다

그날 저녁도 온 가족이 눈물로 밥을 먹었습니다.

_이종훈

인천 거주
동인지 『시를 꿈꾸다』 외 다수 공저

제 아버지는 혼자 고향을 멀리 떠나 살림을 일궜지요. 낯선 곳 낯선 사람들 틈에서 고생하여 마련한 낡고 작은집, 계절이 바뀔 때마다 미닫이문에 창호지를 바르며 고향 집 이야기를 했지요.

언젠가는 돌아가 산 아래 밭에다 단감나무며 사과나무를 심을 거라고. 시멘트 벽돌집을 벗어나면 내 것이라고는 없었던 아버지, 고향에 있는 묵정밭은 아버지의 든든한 배경이었어요. 그 밭에서 호박잎 하나 얻어먹은 적 없어도 그곳은 돌아가고 싶은 아버지의 집이었지요. 하지만 아버지는 그곳으로 못 돌아갔지요. 아니 안 돌아갔습니다.

동네에서 제일 작고 초라한 집이었지만, 그 집을 중심으로 가족이 늘어나고 살아 나온 이야기가 차곡차곡 쌓이고 있었던 겁니다. 돌아가고 싶은 그리운 고향집 보다. 작은 집이지만, 스스로 일궈낸 집, 가족의 눈물과 웃음으로 뿌리가 깊이 진 집, 그것이 아버지의 진짜 집이었지요.

디카시 '맞아, 겨울 다음은 봄이지'를 읽으며 마음이 뭉클해집니다. 저 따스한 불빛을 만들고 지키기 위해 애썼을 부모님 생각이 납니다. 지상의 집 한 칸 마련을 위해 할 수 있는 일을 모두 마다하지 않았을 서러운 시간, 이 이야기가 어느 집의 특별한 이야기가 아니라 우리 모두의 이야기임을 알기 때문이지요.

  이기철시인의 시 '네 켤레의 신발' 첫 연을 읽어 보겠습니다.

    오늘 저 나직한 지붕 아래서
    코와 눈매가 닮은 식구들이 모여 앉아
    저녁을 먹는 시간은 얼마나 따뜻한가

  포착 시에 담긴 작은집 불빛 아래에도 코와 눈매가 닮은 식구들이 모여 눈물로 밥을 먹고 있습니다. 혹독하게 길었던 겨울을 보내고 다시 맞이한 봄, 풍성하지는 않지만 따뜻한 봄을 만든 가족의 행복한 웃음소리가 들려옵니다. "맞아, 겨울 다음은 봄이야" 집은 네모난 건축물이 아니라 그곳에 사는 사람의 이야기와 숨소리가 베어 함께 살아가는 가족이라는 것을,

간격

때로는 내가
나를 놓아야 살 수 있다

내 안에 갇혀
보지 못한 나를 바라봐도

이제는 괜찮다

_ 김옥남

* 왕십리연가 _ 전국디카시현장백일장 '최우수상' 수상 작품

홍익대학교대학원(교육학 박사)
2021년《미래시학》등단
시집『까치발』이 있음. 디카시1급강사자격 취득

거울속에는소리가 없소
　저렇게까지조용한세상은참없을것이오
　거울속에도내게귀가있소
　내 말을못알아듣는딱한귀가두개나 있소"

　이상 시인의 「거울」의 한 부분입니다. 거울은 사물을 그대로 보여줍니다. 그렇지만 거울 속의 물체는 좌우가 반대로 투영되어 있지요. 거울 속의 나는 나이기도 하고 전혀 다른 나이기도 합니다. 이 시는 현대인의 단절과 분열에 관해 이야기하고 있다고 평자들은 말합니다.

　오늘 디카시의 주인공도 '거울'입니다. 거울 속의 나와 거울 밖의 내 모습입니다. 시인은 '간격'에 대해 말합니다. 꽃이나 나무를 심을 때도 적당한 간격이 있어야 건강하게 자랄 수 있습니다. 사람과 사람 사이도 마찬가지입니다. 아무리 친밀한 관계라도 적당한 거리가 없으면 깨지기가 쉽지요. 거리에 나가보십시오. 모든 사물은 간격을 유지하고 우리는 그 안에서 살고 있습니다. 일상에서 간격은 과학이고 예술이고 질서지요.

"때로는 내가/ 나를 놓아야 살 수 있다"

시인은 나 자신과의 간격에 대해 말합니다. 지나친 자기만족이나 불신 또는 자기 연민에 매몰되어 힘들어하는 사람을 종종 만납니다. 그때 습관처럼 해주는 말이 내려놓기입니다. 쉽지 않지만 나를 내려놓는 일 연습을 해야겠습니다. 거울 속의 나는 현실의 결과물이지만. 그게 과연 내가 바라는 모습인지 스스로 왜곡시키고 있지는 않은지요.

우리는 마음에 돌덩이를 갖고 삽니다. 욕심, 기대감, 예민함, 걱정 등이 그것입니다. 지금 당신을 힘들게 하는 돌덩이는 무엇입니까? 법정 스님은 행복의 비결을 "불필요한 것에서 얼마나 자유로워져 있는가"라고 했지요.

산책하기 참 좋은 시월입니다. 어떤 돌덩이를 내려놓을지 산책이 말해줄 것 같습니다.

# 경계를 본다

서로 보듬어 주는 건

용서한다는 거다

거짓과 진실 사이

경계는 의외로 얇다

보듬지 않아 두꺼울 뿐


_이선근

무등디카시, 한국디카시인모임 회원
문학춘추작가회 회장
제7시집 『너의 타인은 너다』 출간

벌써 오월입니다. 봄은 겨울이나 여름보다 유난히 짧은 기분이 듭니다. 시간에 출력기를 단 것같습니다. 시간의 속도에 대해 생각합니다. 보통 즐겁고 행복한 시간은 빠르게 지나가고 괴롭고 힘든 시간은 아주 천천히 머무는 것 같습니다. 어린 시절, 울고 있는 제게 어머니는 시간이 다 해결해 줄 거라고 했지요. 실제 시간은 많은 일을 해결해 줍니다. "이 또한 지나가리라"라는 말도 있으니까요. 하지만 꼭 시간이 모든 것을 해결해 주는 것도 아니었어요. 그 속에서 살아가는 우리가 해결의 주체지요.

오늘 디카시 '경계를 본다'는 광주에 있는 '5.18민주묘지'에 있는 추모탑에 참배하는 사람들을 담았습니다. 40년이라는 시간을 훌쩍 넘은 광주의 아픔은 광주만의 아픔이 아니라는 것을 모두 알고 있습니다. 시인은 노래합니다.

> 서로 보듬어 주는 건/용서한다는 거다
> 거짓과 진실 사이/경계는 의외로 얇다
> 보듬지 않아 두꺼울 뿐

시간이 아무리 흘러도 보듬지 않으면 상처는 낫지 않습니다. 시간은 많은 것을 해결해 주지만 사람의 노력을 요구합니다. 추모탑 앞에 모인 사람들은 한결같이 "다시는 이런 비극이 일어나지 않기를" 바라며 희생자의 넋을 위로하는 기도라고 생각합니다. 그 기도가 닿기를, 그 기도가 거짓과 진실 사이에 버티고 있는 경계를 허물기를 저도 이 시간 간절히 기도합니다.

 다시 오월입니다.

# 느림의 미학

그림 한 점

완성되는 동안

누구는 떠나고

누구는 태어난다


_ 박완규

한국문인협회 회원, 한국아동문학회 회원
한국아동문학회 2021년 오늘의 작가상
2023년 제1회〈동아꿈나무상〉수상,
디카시1급강사자격 취득

한국인의 특징을 말할 때 대표적인 것이 '빨리빨리 문화'입니다. 그것은 업무처리나 교통, 인터넷 등 우리 일상에서 쉽게 만날 수 있지요.

디카시는 어떤가요? 시적 대상에서 포착한 서정적 느낌을 순간 포착한 영상과 합하여 SNS 등으로 순간 소통하는 장르이므로 모든 것이 빠르게 이루어집니다. 그런 면에서 디카시는 우리와 잘 맞는 문학이라고 할 수 있습니다.

작품을 공유하면 그에 대한 피드백도 빠르게 올라옵니다. 독자의 댓글을 읽다 보면 비평도 감동도 바로 소통됩니다. 요즘 디카시를 보면 기가 막힌 포착에 감탄이 절로 나옵니다.

새가 물고기를 채는 순간 나뭇잎이 힘을 잃고 떨어지는 순간 등 수많은 순간이 삶의 희로애락을 노래하고 있습니다. '순간'을 정지시켜 문학화하는 일이 과연 쉬울까요. 깊은 통찰과 안목이 있어야만 가능하지요. 로마가 하루에 만들어지지 않았듯 말입니다.

오늘 디카시는 '느림의 미학'입니다. 우리가 아무리 빨리빨리 문화를 가진 민족이지만, 자연의 속도를 조절하기는 어렵습니다. 자연이 만든 한 폭의 그림을 읽습니다.

  그림 한 점
  완성되는 동안
  누구는 떠나고
  누구는 태어난다

 선문답 같은 시적 표현을 다시 읽어봅니다. 잘 알고 있는 사실이지만 디카시로 표현된 이 작품이 묵직하게 다가오는 것은 왜일까요? 얼마 전 용인을 지나다 길가에 서있는 간판을 보았습니다.
 수오이서(守吾以徐) "느림으로써 나를 지킨다"라고 쓰여 있었어요. 빠르게 변해가는 현실 속에 살고 있지만, 마음의 속도는 좀 늦추어보는 것 어떨까요.

# 망망대해

기댈 곳 없을지라도

심지 하나 세우고

푸르게 헤쳐가다 보면

새로운 길이 열릴 거야


_박주영

2020년 《뉴스N제주》 신춘문예 디카시 당선,
제1회 한국디카시학 작품상 수상
디카시집 『돋아라, 싹』 출간, 동인지 『시의
에스프레소』 외 다수 공저
《한국디카시학》 공동주간,
웹진 《시인광장 디카시》 편집위원

주위에 많은 사람이 있어도 망망대해에 혼자 있는 느낌 가져본 적 있는지요. 군중 속에서 느끼는 막막함을 어떤 말로 표현할 수 있을까요? 우리의 삶을 큰 바다에 항해하는 것에 자주 비교합니다. 높은 파도, 거친 바람 등 항해를 위협하는 장애물은 헤아릴 수 없이 많지요. 오죽하면 삶을 "고통의 바다"로 표현할까요

 디카시 망망대해를 읽겠습니다. 개구리밥으로 가득한 연못에 삐죽 내민 연잎 하나가 주인공입니다. 혼자만의 이질감이 망망대해에 떠 있는 조각배 같습니다. 한국디카시학회의 예술디카시에서 사진은 순간 포착도 중요하지만 '선택과 집중'이라는 방법을 중요하게 여깁니다. 어떤 피사체를 시적 화자로 선택할 것인지 정하고 그것에 집중해 사진을 담아야지요. 디카시는 누구나 쉽게 접근할 수 있는 생활 문학이라 해도 시에 그 바탕을 둔 시문학입니다. 1990년 노벨상 수상자인 멕시코 시인 '옥타비오 파스'는 그의 시론을 통해 "시詩는 인간의 존재를 꿰뚫는 언어"라고 했습니다.

 박주영 시인의 디카시는 새롭고 간결하며 주제가

명징합니다. 빽빽하게 연못을 덮은 개구리밥 속에 혼자 잎을 내민 연蓮은 새로운 출발선에 선 사람 같습니다. 시인의 표현처럼 기댈 곳 하나 없지만, 꼿꼿한 모습이 당차고 올곧아 보입니다. 이제 막 항해를 시작한 저 초년생이 목적지에 무사히 도착하기를 응원합니다.

"인간은 어떤 방법으로든 표현하지 않고 살아갈 수 없다"라고 했습니다. 시를 쓰는 행위도 결국 자기표현입니다. 공감은 무조건 좋아요, 최고예요 라는 이모티콘 누르기가 아니라, 작품을 통해 작가의 경험과 감정을 공유하고 소통하는 것입니다.

# 봄의 날개

힘차게 날아가는 맑은 새를 봅니다

여유로운 날갯짓입니다


나도 따라서

두 팔을 쫘악 벌립니다


가슴에서 날개가 돋기 시작합니다


_ 서목

계간 《시와편견》 2024년 봄호 디카시 등단
시사모. 한국디카시학회 회원
디카시 1급강사자격 취득

높고 푸른, 하늘을 떠다니는 새털구름을 바라보면 '장자의 붕새'가 생각납니다. 북쪽 깊은 바다에는 거대한 물고기 곤鯤이 살고 있지요. 이 물고기는 어찌나 큰지 크기를 가늠키가 어렵다고 합니다. 그리고 이 거대한 물고기가 나중에 새 로 변신하는데 바로 붕鵬새지요. 붕새 역시 크기가 보통새와는 비교 불가입니다. 한번 날개를 펴면 하늘을 가릴 만큼 또 한 번 날아오르면 구만리를 날아다닙니다.

　저는 맑은 하늘 새털구름에서 위대한 날갯짓을 하는 붕새를 꼭 만납니다. 구름이 유난히 아름다운 하늘을 보면 본능적으로 카메라를 켜게 됩니다. 렌즈를 통해서 본 하늘은 커다란 무대고 그 무대에서 구름은 갖가지 놀이를 하고 있습니다. 양 떼가 몰려다니기도 하고 아름드리나무가 춤을 추기도 합니다. 사람들이 모여 노래하거나 강아지나 고양이가 재롱을 부리기도 하지요. 디카시를 쓰는 시인이라면 이 순간을 놓칠 리가 없습니다. 바로 시인의 심미안입니다.

　아름다움을 볼 줄 아는 안목은 모든 예술의 기본입니다.

좋은 디카시를 어떻게 쓰냐는 질문을 종종 받습니다. 디카시를 쓰는데 무슨 왕도가 있겠습니까. 심미안이 높은 사람들에게는 확실히 유리할 것 같습니다. 날개를 펴고 날아오는 봄이 붕새라면 봄의 날개 아래 꽃을 피우고 싹을 틔우는 일은 작은 새의 소소한 삶입니다.

 붕새의 위대한 몸짓이나 소소한 우리네의 삶이나 가치의 우위를 정할 수는 없지요. 모두 자기 자리에서 충실하게 사는 것뿐이지요. 매서웠던 봄샘 바람이 물러나고 그 자리에 들어온 따스한 숨결 자연의 순한 이치에 감사드립니다. 시인은 시로 봄의 숨결을 나눕니다. 그 순간 시인은 구만리장천을 나는 붕새가 되는 거지요 온누리 뒤덮는 시의 날개를 펼치는 거지요.

# 봄의 정치

약속했잖아요

꼭 돌아올 거라고


보세요, 이 꽃


봄은 반드시 와서

제 할 일을 합니다


_권준영

시사모, 한국디카시학회 회원
무등디카시촌, 광주문협, 전남문협, 보성문협 회원
디카시집 『뿔, 물이 되다』 등 다수

"그해 겨울이 지나고 여름이 시작되어도/ 봄은 오지 않았다 복숭아나무는/
채 꽃이 피기 전에 아주 작은 열매를 맺고/ 불임의
살구나무는 시들어 갔다"

이성복 시인이 1980년에 발표한 시 "1959년"의 한 부분입니다. 시가 발표될 당시, 신군부의 억압된 정치 상황을 생각해 보면 이 시는 이해되지요. 봄이 오지 않음으로 복숭아나무는 꽃을 제대로 피우지 못하고 살구나무는 불임이 되었습니다. 이 시 전문을 읽으면 허무와 절망 무기력이 가득한 진정한 디스토피아 세계 같습니다. 그에 비해 오늘 권준영 시인의 디카시 「봄의 정치」는 매우 희망적입니다.

"약속했잖아요./ 꼭 돌아올 거라고/ 보세요 이 꽃/ 봄은 반드시 와서 제 할 일을 합니다"

시작 노트를 잠깐 보면, 지난해 12.3 계엄과 해제 이후 대통령 탄핵소추 찬반시위가 이어지며 국민이 느끼는 불안감을 생각하며 쓴 시라고 합니다. 희망으로 견딜 수 있는 것은, 아무리 추운 겨울이라도 결국 봄이 온다는 믿음 때문이라고 말합니다.

세상이 많이 바뀐 거지요 아무리 기다려도 오지 않던 봄은 이제 꼭 옵니다. 그 약속은 무슨 일이 있어도 지켜져야 하고 또 지킵니다. 1980년과 2025년 사이 우리는 많이 변했고 더 단단해졌습니다. 불의한 일에 속수무책으로 울분만 터트리던 때와는 다르게 각자 자기 목소리를 다양하게 내고 있습니다.

봄의 전령사 매화가 피었다는 소식이 여기저기서 들립니다. 정치란, 사회구성원들의 목소리를 조화롭게 모아 다 함께 잘 살 수 있게 하는 것이라고 알고 있습니다. 팬덤 정치나 붕당정치 이전에 국민의 이익과 바람을 우선시하는 봄 같은 정치 수많은 겨울이 오고 또 와도, 그 모든 것을 녹이는 따뜻하고 뚝심 있는 봄이라는 당신을 기다립니다.

# 불립문자

깨달음은 글자가 아니라

마음으로 전한다는데

나는 몸에 새기고 산다

뒤꿈치를 들지 않고

바르게 서서

_ 강영준

계간《한국시학》신인상(2024), 계간
《시와편견》디카시 등단(2025)
시사모, 한국디카시학회 동인, 한국문인협회 회원
시집『어느 소년의 비구상화』, 제16회 풀잎문학상
대상(2019)

불립문자不立文字는 깨달음은 문자에 의지하지 않고 마음에서 마음으로 전한다는 뜻으로 불교 선종(禪宗)의 핵심 사상을 표현하는 말입니다. 불립문자를 검색하면 따라 나오는 단어 염화미소, 견성성불, 교외별전도 불립문자와 뜻이 비슷합니다. 모두 부처님의 가르침을 말이나 글에만 의지하지 않고 마음으로 깨달아야 한다는 뜻이 있습니다. 문자나 언어가 진리를 표현하거나 소통할 수 있는 도구라는 것은 알지만, 그것이 진리의 본질은 아니라는 말이지요. 검색만 하면 우르르 쏟아져 나오는 과잉정보, 문자나 말의 홍수 디지털시대를 살아가는 오늘 "불립문자"가 말해주고 있는 것은 침묵의 중요성입니다.

"우레와 같은 침묵"이라는 말이 있습니다. 우레는 천둥의 순우리말이지요. 말이나 문자보다 침묵이 던져줄 수 있는 우레와 같은 깨달음이 간절해지는 때이기도 합니다. 우리는 어쩌면 인터넷이라는 바다에 널려있는 얕은 정보를 가지고 "알음알이"에 취해 있는 것은 아닐까요? 철학자 강신주는 불립문자는 "남을 흉내 내지 않는, 본래 가지고 있는 고유한 자기 모습"이라

합니다. 시詩는 낯익은 길에서 시작하여 낯선 길을 만들어가는 작업이라 했습니다. 디카시를 쓰는 일도 마찬가지입니다. 사물이 가진 보편적인 개념을 깨트려 나만의 목소리로 시를 쓸 때 그것이 곧 내 시가 됩니다. 흔히 시가 어려운 이유는 문자로 표현하지 않은 "침묵" 때문이라고 하지요. 오늘 디카시 "불립문자"를 통해 시인이 몸과 마음에 새겨 세운 정신 언어와 문자를 넘어선 침묵을 읽는 시간이 되었으면 합니다.

# 생각하는 그릇

그릇되지 않도록

그릇 하나 보여 준다


비워야 채워짐을

말없이 말하고 있다


_이유상

시사모, 한국디카시학회동인,
디카시1급강사자격 취득
사진집 『제주 좋은 빛 함께 봐요』,
산문집 『내 생의 오솔길』 공저
사진에세이 『우리들의 이야기』,
2024 신춘 전국디카시공모전 대상 수상

저는 그릇을 좋아합니다. 여러 종류의 그릇 중에서도 특히 도공의 지문이 새겨져 있는 가마에서 구워 나온 도자기를 좋아하지요. 흙과 물과 불이 도공陶工을 만나, 기존의 원료와는 전혀 다른 "그릇"으로 탄생하는 일, 물과 불이 지나간 자리마다 피어나는 요변窯變은 진경산수화가 되었다가 허리가 구부러진 어머니가 되었다가 가을산에 핀 산국이 되기도 합니다.

식당이나 찻집을 가도 저는 그 집에서 사용하는 그릇을 봅니다. 모든 그릇은 특별한 경우를 제외하고는 용도에 제한을 두지 않습니다. 물을 담으면 물그릇, 밥을 담으면 밥그릇. 그릇은 단단하지만, 그가 가진 유연성은 너그럽고 지혜로운 어른 같습니다. 물도 밥도 국도 거부하지 않고 담아내는 그릇의 품성은 비워야 채울 수 있다는 가르침도 줍니다.

처음의 나를 버리고 천도 이상의 온도를 견뎌내야 그릇이 됩니다. 캄캄하고 뜨거운 가마 속에서 고통을 견뎌내지 못하면 깨지고 말지요. 깨진 그릇은 제대로 쓰임을 받을 수 없습니다. 그릇의 생과 사람의 인생은 여러모로 많이 닮아있습니다. 그래서 사람의 됨됨이를 그릇에 자주 비유합니다. "저 사람 됨됨이가 간장종지야"라던지, "저 사람은 큰 그릇이야" 처럼 말입니다.

오늘 디카시는 잘생긴 그릇 한 점입니다. 소리는 같으나 뜻이 다른 "그릇"이라는 단어를 가지고 시인은 말없이 말하고 있습니다.

"비워야 채울 수 있어. 나를 버려야 또 다른 나를 만날 수 있지, 고집 부리지마, 네 생각이 전부 옳은 것은 아니야, 고난과 역경을 이겨내야 큰 그릇이 될 수 있어."

# 어떤 기도

하늘에 가까이 오르면

간절한 소원 하나 이루어질까

소원은 이루기 위해 기도하는 게 아니라는데

잊지 않기 위해 가슴에 새기는 각인


_ 서경만

전문 산악등반가
계간《시와 편견》디카시 등단(2023)
디카시집《작전본부》상재
동인지《시의 에스프레소》외 3권 공저

지난주 충남 서천에서 하는 '한산모시축제'에 갔습니다. 행사장에는 '소원 다리'가 있는데, 다리 난간에 각자 소원을 적은 리본이 바람에 너풀거리고 있었지요. 몇 개 읽어보니 가족 건강을 바라는 글이 대부분이었어요. 저 역시 당장 소원을 말하라면 주저할 것 없이 첫 번째가 가족 건강입니다.
글을 읽는 여러분도 특별히 다르지 않을 것입니다.

오늘 디카시를 쓴 서경만 시인은 전문 산악인입니다. 히말라야를 콜핑피크 원정대장, 히말라야 곤도고로라봉(해발 5,700m), 2012년도 알프스 오토루트 산악스키 180km 등정 등, 세계적인 봉우리에 수없이 올랐다고 합니다. 그의 첫 디카시집 『작전본부』도 그동안 등정한 수많은 산에 대한 시가 여러 편 있습니다. 「어떤 기도」 역시 산악인 서경만 시인만이 쓸 수 있는 디카시가 아닐까 싶습니다.

시인은 시작 노트를 통해 기도는 "내 소원을 위해 하는 것보다 이웃의 아픔을 위해 하는 것"이라고 말하고 있습니다. 시인의 따뜻한 마음이 드러나는 글입니다. 자기 자신이 아니라 타인을 위해 하는 기도를 '중보기도'라 합니다. 보기에도 아찔한 저 한 컷은, 거대한 자연 앞에 인간은 겸손해질 수밖에 없는 순간입니다. 렌즈를 통해 붙잡은 순간 할 수 있는 것이 기도 외 또 무엇이 있을까요.

기도는 우리를 겸손하게 합니다. 나의 부족함을 인정하지 않으면 할 수 없는 것이기 때문입니다. 어쩌면 오늘 사진의 주인공처럼 삶이란 외줄을 잡고 혼자 묵묵히 가는 것 같지만, 나의 등 뒤에서 나를 위해 기도하는 누군가의 소망이 있는 것은 아닐까요?

열정적으로

고기든

삶이든

뜨겁게 익어가야 맛있다


_ 박준희

계간《시와편견》시 등단(2019),
《한국디카시학》디카시 등단
한국시인협회, 마산문인협회 회원
시집《기도를 얹다》발간,
동인지《고흐가 귀를 자른 이유》외 다수 공저

몇 년 전 『하마터면 열심히 살뻔했다』라는 책을 읽었습니다. 저자는 주위에서 흔히 만날 수 있는 평범한 직장인입니다. 매일 반복되는 야근과 회식 그리고 쥐꼬리만 한 월급을 받으며 살던 그는 어느 날 도대체 무엇을 위해 아침마다 지옥철을 타고 밤마다 폭탄주를 마시며 스트레스에 쌓여 사는지, 또 누구를 위해 성공과 경쟁에 대한 강박감으로 불안에 사로잡혀 사는지 스스로에게 질문을 하기 시작합니다. 그는 자신이 인생의 방향을 잃어버렸음을 깨닫습니다. 그리고 "내가 정말 부끄러워할 것은 나이에 걸맞은 것을 소유하지 못한 게 아니라, 나만의 가치나 방향을 가지지 못하고 살아왔다는 사실이다"라고 고백하지요. 세상이 정해둔 기준에 맞추느라 자신을 잃어버리지 말자고 그는 말합니다. 실제 우리 사회가 안고 있는 가장 큰 문제를 '경쟁과 불안'이라고 하지요. 무엇을 위한 경쟁인지도 모르고 무조건 이겨야 하니 늘 불안합니다.

디카시 「열정적으로」에서 노릇노릇 익어가는

고기가 주인공입니다. 빨리 먹자고 지나치게 서두르거나 불을 세게 하면 맛있는 고기를 먹을 수 없음은 누구나 알고 있는 사실이지요. 모든 사람에게나 사물에는 자기만의 속도가 있습니다. 봄꽃이 예쁘다고 겨울에 그 꽃을 피우면 꽃대도 향도 부실하지요. 우리가 사는 사회는 경쟁을 피할 수는 없지만 자기만의 속도를 지키며 열정을 쏟아부었으면 합니다. 철학자 헤겔은, "이 세상에서 열정 없이 성취한 위대한 것은 아무것도 없다"라고 말했습니다. 열정은 꿈과 이상을 현실화하는데 그만큼 중요한 원동력입니다. 학문이든 예술이든 기술이든 열정을 가지고 자기 일을 하는 사람과 그렇지 못한 사람의 결과물은 같지가 않습니다.

고기가 익어가는 속도 단풍이 드는 속도 아이가 어른이 되는 속도를 잘 지키면, 오늘 디카시처럼 뜨겁게 잘 익어가는 삶이 되지 않을까요.

# 2부
# 잇다

돌아올 거죠

잠시 앉을 새도 없이

귀 막고 입 닫고 가십니까


평사리 들녘

씨앗은 누가 뿌리라고


_박완규

시사모, 한국디카시학회 회원
한국아동문학회 회원,
디카시1급강사자격 취득
영등포 디카시 공모전 대상

일본 비에이 넓은 들 한가운데 나 홀로 우뚝 서 있는 가문비나무는 크리스마스트리를 연상시킨다고 해 '크리스마스 나무'라고 불리지요. 눈 덮인 이 나무는 겨울 삿포로 여행객이라면 꼭 가보아야 할 필수 여행지라고 합니다. 비에이의 크리스마스 나무만큼이나 유명한 우리 소나무도 있는데 바로 평사리 들판에 서 있는 '부부 소나무'입니다 평사리 들판에 서 있는 두 그루 소나무가 마치 서로 의지하고 있는 듯하다고 그런 이름을 붙였다고 합니다. 이름은 곧 상징입니다. 알맞은 이름을 불러준다는 것은 그 존재를 귀하게 여기고 인정해 주는 일이지요.

오늘 디카시의 전경前景은 평사리 입구 푸른 소나무 옆에 죽어가고 있는 모습의 소나무입니다. 멀리 들판 한가운데 "부부 소나무"는 여전히 푸른데 최참판댁 마을 입구에 있는 이 소나무는 안타깝게도 빨갛게 병이 깊어 보입니다. 건강한 소나무와 병이 깊어 보이는 소나무를 카메라에 담으며 시인은 얼마 전 산청과 하동 등지에서 발생했던 대형 산불을 떠올립니다. 산청, 하동뿐 아니라, 의성 영덕 안동 등

전국 각 산을 태운 무시무시한 도깨비 불덩어리 아직 집으로 돌아가지 못한 이재민이 3만 7천여 명이고, 우리나라 건국 이래 단일 산불로 최대규모라고 합니다. 온 국민이 각처에서 구호 물품과 성금을 모아 힘을 보태고 있지만, 삶의 터전을 모두 잃은 이재민의 아픔을 어떻게 위로해 드릴 수 있을까요. 속히 그분들의 일상이 회복하기를 기도합니다.

시인은 시대의 아픔을 짊어지고 가는 사람입니다. 평사리를 여행하는 사람들은 부부 소나무를 카메라에 담지만, 오늘 시인의 눈은 역시 다릅니다. 현실은 아프지만, 그 가운데서 희망을 찾습니다. '산불 피해지역'이란 이름을 떼고 땅도 나무도 사람도 푸르게 더 푸르게 돌아온 이름으로 불릴 날을 기다려봅니다.

# 고뇌

국수 한 그릇에

시가 말을 걸어온다

후루룩 후루룩

후루룩 후루룩

계속 말을 걸어온다


_조문정

2022년 계간《시와편견》신인상 수상 등단
시집『시인의 국밥집』출간, 동인지
《시의에스프레소》공동참여
현재 진주에서 '조문정 국수집' 운영

'국수'하면 떠오르는 두 사람이 있는데, 이상국 시인과 진주 칠암동에서 국수를 삶는 조문정 시인입니다. 이상국 시인이 쓴 시 "국수가 먹고 싶다"를 떠올리면 자연스럽게 그 풍경이 조문정 국숫집으로 옮겨갑니다.

 흔히 시가, 문학이 밥 먹여 주냐고 하지만, 조문정 시인에게 국수는 '시'이며 동시에 '밥'입니다. 인테리어가 근사한 프랜차이즈 국숫집과는 거리가 먼 '조문정 국수집', 구도심 골목 식당인 이곳에 어떤 사람들이 찾아올까요. 국수가 먹고 싶어서 오는 분도 있지만, 그중에는 마음의 허기로 찾는 이웃도 많다 합니다. 어느 날 문정 시인이 말했어요. "저는 종일 식당에서 국수나 삶는데 무슨 디카시를 씁니까?" 그때 제가 그랬지요. "문정 씨는 국수가 있잖아요, 국수가 바로 시잖아요?" 그래서일까요. 그녀는 국수를 주제로 시도 쓰고 디카시도 씁니다.

"국수 한 그릇에/
시가 말을 걸어온다/
후루룩 후루룩/
후루룩 후루룩/

계속 말을 걸어온다"

　위 디카시 「고뇌」의 사진 속 남자는 신혼 때 아내가 뇌경색으로 쓰러진 이후 일흔이 넘은 지금까지 자식도 없이 아내를 돌보는 분이랍니다. 이분의 삶이 어땠을지는 충분히 상상할 수 있겠지요. 문자보다 빠르게 읽히는 사진, 김 때문에 흐릿해진 사진과 고뇌라는 제목이 잘 어울립니다. 문득 이상국 시인의 국수가 먹고 싶다 한 구절이 번쩍 떠오릅니다.

　세상은 큰 잔칫집 같아도 어느 곳에선가 늘 울고 싶은 사람들이 있어 마음의 문들은 닫히고 어둠이 허기 같은 저녁 눈물 자국 때문에 속이 훤히 들여다보이는 사람들과 따뜻한 국수가 먹고 싶다

　조문정 시인은 국숫집을 하게 된 것이 참 잘한 일이라고 합니다. 울고 싶은 사람들에게 따뜻한 국수 한 그릇은, 밥도 되고 살아갈 힘도 되니까요.

# 역설적 아포리즘

보호 구역

횡단 보도도 없다

무중력 속 위험공간에서

불사(不死)의 항해를 하고 있는


_서 영

계간《시와편견》디카시와 시 등단
2024년. 이형기신인문학상 수상,
2025신춘전국디카시공모전 대상 수상
시사모.한국디카시학회 운영위원,

'거미집'은 디카시를 쓰는 시인들이 즐겨 다루는 전경前景입니다. 원관념을 비틀어, 그 틈에서 시인만의 새로운 뜻을 세울 수 있기 때문입니다. 서영 시인의 「역설적 아포리즘」역시 거미줄의 원 개념을 해체하는 데서 출발합니다.

이 시의 발화점은 철학자 쇼펜하우어의 한 물음입니다. "당신의 인생이 왜 힘들지 않아야 한다고 생각하는가?", "태어나지 않는 것이 최선이고 태어났다면 빨리 죽는것이 차선이다"라고 말했지요.

인간 존재의 본질적 조건이 고통이라는 것. 우리는 끊임없는 결핍 속에 있고, 그 결핍을 채우려 욕망을 좇습니다. 그러나 욕망은 충족되면, 또 다른 욕망이 모습을 드러냅니다. 쇼펜하우어는 이를 그리스 신화 속 탄탈로스의 형벌에 비유했습니다. '영원한 배고픔과 갈증'의 형벌, 결코 닿을 수 없는 물과 과실 앞에서의 끝없는 갈망. 이렇듯 쇼펜하우어에게 삶은 '고통' 이었지요. 그런데 아이러니하게도 그는 고통을 통해 행복에 이를 수 있다고 역설하고 있습니다. 그가 제안한 길은 단순합니다. "욕망을 줄이고, 맹목적인 삶의 의지를 통제하며, 내면을 성찰함으로써 고통을 최소화하라."라는 겁니다.

"보호 구역도, 횡단 보도도 없는 무중력의 위험 공간에서 불사를 꿈꾸는 당신" 고통 없는 세상이 어디에도 없다면, 결국 우리는 스스로를 담금질해야 합니다. 누군가에게는 집이 될 수있는 거미줄 누군가에게는 함정이 될 수도 있습니다.

내면의 나를 깊이 응시하며 나아갈 나만의 공간 그곳이 당신에게 있습니까?

# 너희들에게 65

아버지 곧은 뼈에 마디를 같이하지

어머니 푸른 살에 향내를 함께하지


바람에 사운거리며

　　같은 뿌리로

　　　띠앗 깊지


_ 정백락

《한국디카시학》디카시 등단, 《모던포엠》시 등단,
디카시집 『수壽』, 『성城』, 시집 『달빛을 줍는
시인들』, 『나비의 짧은 입맞춤』 등 공저,
경북대학교 전임 외래교수

연암억선형(燕巖憶先兄)이라는 연암 박지원의 시가 있습니다. 돌아가신 아버지가 그리울 때마다 아버지와 닮은 형님을 만났는데 "이제 형님이 돌아가셨으니 어떻게 해야 하나"라는 애통한 마음, 그리고 형님과의 추억이 서려 있는 시냇물에 비친 내 얼굴을 보며 아버지와 형님을 그리워하는 시지요.

제게도 여동생이 하나 있습니다. 우리는 어릴 때부터 닮지 않았다는 말을 많이 들었지요. 그런데 나이를 더해가며 거울 앞에서 동생을 만납니다. 어디 얼굴뿐일까요, 체형이며 성격, 식성까지 불쑥불쑥 나타납니다. 정말 유전자의 힘은 대단합니다. 지난주 동네에서 친구들과 차를 마시다 불쑥 제주에 수국水菊을 보러 가자고 했지요. 바로 의기투합이 되어 항공권을 예약했습니다. 제주 수국은 6월 말이면 꽃 색이 점점 바래 기운을 잃는 시기이기 때문에 서둘렀습니다.

첫 비행기를 타고 비가 많이 오는 제주공항에 도착했고, '수국 가든'으로 향했습니다. 수국은 꽃이 다하면 가지자르기를 해주어야 내년에 예쁜 꽃을 또

볼 수 있지요. 정원사들이 이미 꽃이 진 수국을 자르고 있었지요. 순간 아버지가 제게 와 말합니다. "7월이 오기 전 수국을 잘라야 해, 그래야 내년에 피울 꽃눈을 만든단다."

 오늘 디카시를 쓴 시인도 청도의 어느 대나무밭에서 어린 시절 동생과 부모님을 만났습니다. 현시대는 '연결의 시대'라고 합니다. 시공간을 초월해 우리는 지구 반대편 사람과도 연결되어 있지요. 오래전 떠난 부모님도 자주 만나지 못하는 형제도 끊어진 것이 아니라, 연결되어 살고 있습니다. 시인은 자녀에게 편지 쓰듯 65번째 디카시를 썼다고 합니다. 디카시는 사진을 보여주고 사진을 설명하는 것이 아닙니다. 그것에서 떠오르는 시적 감흥을 5행 이내의 짧은 글을 더하여 더 큰 의미를 표현하는 문학입니다.

 오늘 디카시처럼 독자 여러분도 얼마든지 사진을 찍고 시를 쓸 수 있는 장르입니다.

# 푸른 아이들

여름이 솟는다

가만 귀 기울이면

여기저기 푸르름의 아우성

푸른 오늘이 있기에

뜨거운 내일이 있는 것이다


_조창권

전 부산 동 고등학교 교장,
부산디카시 아카데미 수료
디카시집 『한 생이 나무라면』 펴냄,
수필집 『바다 건너 산을 넘어』, 『떠나는 길, 만나는 세상』 펴냄

'이상한 변호사 우영우'라는 드라마 아시지요. 자폐 스펙트럼 장애를 가진 우영우 변호사가 매회 다른 에피소드로 사건을 해결해 나가는 드라마였지요. 제9화 '피리 부는 사나이'가 기억이 납니다. 주인공으로 '방구뽕 아저씨'가 등장합니다. 그는 자칭 어린이 해방군 총사령관입니다. 어느 날 외출이 금지되고 공부만 해야 하는 자물쇠반 학원차를 탈취해 숲으로 가지요.

숲에서 그는 '어린이 해방군 입대식'을 합니다. 이후 아이들을 납치했다는 죄목으로 재판을 받게 되는데 감형도 거절하고 끝까지 어린이를 해방 시켜야 한다고 외칩니다. 법정에서 그는 이런 최후 진술을 합니다.

"어린이는 지금 당장 놀아야 한다."
"어린이는 지금 당장 건강해야. 한다."
"어린이는 지금 당장 행복해야 한다."

매년 오월이 오면 아이들이 행복한 세상을 만들자고 어른들이 외칩니다. 하지만 우리 아이들이 행복해 보이지 않는 이유는 무엇일까요. 그것은 어른이 생각하는 행복에 대한 가치와 아이들이 느끼는 가치가 달라서가 아닐까요? "미래에 좀 더 행복하기 위해 아이들의 '지금'이 울고 있습니다."

디카시를 날시(raw poem)라고 합니다. 순간을 담아냈기 때문이지요. 분수의 물줄기가 솟아오르는 순간, 물줄기와 함께 솟아오르는 아이, 물줄기 사이로 뛰어다니는 아이, 소리를 담고 있지 않지만 오늘 사진에는 즐거운 환호가 들리는 것 같습니다. 저 푸른 아이들이 푸르게 자라 오늘처럼 내일도 먼 미래까지 행복한 어른이 되기를 소망합니다.

# 퉁소 시인
– 바람의 악보를 노래하는 당신께

고요한 숨결 하나
대나무 숲의 귀를 빌려
그대 안의 침묵을 분다

바람의 문장으로 화답하는
텅 빈 詩 한 줄


_라병훈

한국디카시학회 전라북도 지부장
글벼리디카시문학회장
디카시집 『물 햇빛이 비치면』 공저 등

제 할아버지는 대나무로 된 악기를 몇 가지 갖고 계셨지요. 집 뒤란에 대숲이 있었던 이유였을까요. 그 악기들은 모두 할아버지가 직접 만든 거라고 했지요. 살아계시면 백 살 하고 열 살을 더 넘겼을 할아버지의 연주는 당시 어린 제가 보기에 참 신기했어요. 길거나 짧은 대나무 위에 구멍이 나 있고 군데군데 끈으로 묶은, 아무리 살펴봐도 소리를 만들 수 있는 장치가 보이지 않던 대나무일 뿐인데 그것이 만들어내는 소리는 밤과 낮에 따라 다르고 기분에 따라 다르게 들렸어요. 어느 날 할아버지는 퉁소와 대금과 피리를 각각 불어주시며 "이건 바람이 만드는 소리다" 하셨지요. 그 말뜻을 알아차리는 데는 오랜 시간이 필요했어요.

오늘 라병훈 시인의 디카시 「퉁소 시인」을 대하니 그때 일이 떠오릅니다. '바람의 악보를 노래하는 당신에게'라는 부제가 제목으로 나서도 좋을 것 같습니다. 사진 속 퉁소와 퉁소 연주자는 아날로그지만, 디지털카메라가 잡아낸 표정의 화소는 탁월해서 바로 처연한 소리가 들려올 것 같습니다. 구멍을 열었다 닫았다 숨을 조절하고 바람을 다스려 만드는 소리,

시인의 표현처럼 바람의 문장으로 화답하는 텅 빈 詩 한 줄입니다.

20여 년 전 처음 시작한 디카시도 많은 변화를 거듭하며 발전하고 있습니다. 사진과 시의 결합이라는 자칫 단순해 보일 수 있는 디카시가 결코 쉬운 문학이 아님을 발표되는 작품들이 증명하고 있습니다. 포착한 사진의 살아 있는 현장성과, 5행 이내의 시 속에 있는 서정성 그리고 시인의 깊은 진술이 있는 수준 높은 디카시는 결코 쉽게 나오지 않으니까요. 스마트폰이 없으면 살기 어려운 사람을 '포노사피엔스'라고 합니다. 인정하고 싶지 않아도 우리는 포노사피엔스가 되었지요. 기왕이면 멋진 디카시 쓰는 포노사피엔스가 되어보자고요.

## 진정한 자신

거울을 바라본다

삶의 집착이 많았나 보다

세탁, 행굼, 탈수

타자와 공존 할 수 있는


_ 신현준

계간《시와편견》디카시 등단, 시사모.,
한국디카시학회 동인
디카시집 『다가 간다는 것은』 펴냄
동인지 『탑의 그림자를 소환하다』외 다수 공저

'거울' 하면 생각나는 인물이 몇 있는데, 그 첫째가 백설 공주의 계모 왕비입니다. 내세울 것이 미모밖에 없었는지 아침마다 거울에게 물었습니다. "거울아 거울아 세상에서 제일 예쁜 사람이 누구니?" 그러면 언제나 거울은 '바로 당신입니다'라고 대답해 그녀를 행복하게 만들어 주었습니다. 그 미모 덕이었는지 그녀는 비록 첫 번째는 아니지만, 왕비가 되었지요. 하지만 그녀의 불행은 그때부터 시작되었지요.

거울이 더이상 '바로 당신'이라는 말을 하지 않았기 때문입니다. 세상에서 제일 예쁘다는 말을 듣기 위해 비록 피를 나눈 딸은 아니지만, 딸을 죽이기로 마음먹고 실행해 옮기는 무서운 계모 왕비, 여기까지가 우리가 즐겨 읽었던 동화 백설공주의 간략한 내용입니다. 그런데 그녀만 그럴까요? 우리는 누구나 자신만의 거울을 하나씩 가지고 삽니다. 그 거울은 늘 솔직하지만, 거울을 바라보는 우리의 시선이나 마음이 종종 거울의 소리를 왜곡합니다.

오늘 시인도 거울 앞에서 섰습니다. 한 집안의

가장이나 사회적 위치 모두 벗어던지고 자연인인 나와 마주합니다. 시인도 계모 왕비처럼 그렇게 물었을 것입니다.

"거울아 거울아 나 정말 잘 살았지? 그래서 성공한 인생이 된 거지? 다른 사람들은 몰라도 너는 그렇다고 말해줄 거지?" 그런데 거울은 말합니다. '당신은 열심히 살았지만, 지금부터는 앞, 뒤, 옆을 좀 살피며 사십시오. 집착을 버리고 마음의 때를 씻어내고 가볍게 살아가십시오'

경쟁 사회 속에서 살아남기 위해 앞만 바라보고 살아온 이 땅의 모든 부모의 모습입니다. 삶의 절반을 더 넘긴 이제야 거울 앞에 서서 나를 만나는 시간, 조금 못난 내가 그곳에 서 있어도, 조금 부끄러운 내가 보여도, 있는 그대로 나를 고백하는 오늘 디카시가 감동입니다.

# 지젝*의 대답

여태 바라본 것

당신과 나

우리 살아 숨 쉬는 사이

저 작은 틈


_이성진


*슬라보예 지젝(1949.3~ ) 슬로베니아 출신 철학자이자
문화비평가

계간《시와편견》시 등단(2019)
시사모. 한국디카시학회 동인
동인지 '베라 나는 아직도 울지않네 등 다수 공저

철학자 '슬라보예 지젝'이 디카시에 등장했습니다. 그는 할리우드 영화나 오락, 심지어 외설적인 표현까지 동원해 헤겔이나 라캉 등 근엄한 철학을 재해석합니다. 그래서 우리 시대의 '가장 위험한 철학자'로 불리기도 하고 '문화이론의 엘비스 프레슬리'라고 불리기도 하지요. 지젝을 가리켜 '사이의 철학자'라고 합니다. 사이, 틈, 하이픈 모두 같은 의미입니다. 지젝을 이해하는데 이 사이(틈)는 매우 중요합니다. '사이'는 비어있는 공간이고 '사이'는 또 연결할 수도 분리할 수 있는 것입니다. 그러나 시인의 '사이'는 사유할 수 없는 것을 사유하는 공간이기도 합니다. 그런 이유로 이 '사이'를 현대시의 발현지로 보기도 합니다. 현상 너머의 현상을 노래하는 디카시도 어쩌면 이 사이를 사유하는 일일 거라는 생각을 해 봅니다.

오늘 디카시를 보겠습니다. 화강암 계단 수분도 흙도 안 보이는 어디에 씨앗이 자랄 환경이 있었을까요. 바로 틈이지요. 틈이 씨앗을 품은 겁니다. 틈이 씨앗에게 살아갈 공간을 제공한 것입니다.

그래서 저 야생초에게 틈은 생명입니다. 사람과 사람 사이도 마찬가지입니다. 지나치게 논리적이고 빈틈없는 사람은 똑똑해 보이기는 해도 지혜롭지 못한 사람이 많습니다. 우리는 이런 사람들에게 "인간미가 없다"라는 말을 합니다. 속담에 "물이 너무 깨끗하면 물고기가 살 수 없다"라고 하지요.

저는 틈이 있는 사람이 좋습니다. 틈을 통해 물도 스며들고 햇볕도 들고 통풍도 되는 거지요. 내 안에 작은 틈을 하나 내 보세요. 그 틈이 숨구멍이 됩니다. 그 틈을 통해 친구도 들어오고 사랑도 들어올 것입니다. 우리가 즐기는 취미도 결국 내 삶의 숨구멍입니다. 살아가면서 자신에게 딱 어울리는 숨구멍 하나 만드십시오. 그것이 당신에게 윤이나는 삶을 제공할 겁니다.

# 어머니의 유언

애야

고개 쳐들고 상처 내지 마라

더 깊숙이 숙여라

그래야 꽃이다

_정병윤

2022년 계간《시와편견》시와 디카시 등단,
디카시1급강사자격 취득
제1회 경남도민신문 신춘문예 디카시 부문 당선
동인지『붉은 하늘』외 다수 공저,
한국디카시학회서울지부장

'양귀비'라고 하면 중국 당나라 현종의 후궁이었던 양귀비나, 아편 원료가 되는 꽃이 생각나지 않을까요? 후궁이기는 하나 한나라의 왕비 이름을 하필 아편의 원료가 되는 꽃에 붙였을까요, 실존 인물 양귀비로 인해 나라가 파탄이 났던 것처럼, 아편 양귀비도 삶을 파탄 내는 마약의 원료라는 점에서 같은 작명을 한 것 같습니다. 이맘때면 하동 북천 너른 들에 가득 핀 양귀비가 생각납니다. 들판에 무리 지어 핀 개량종 꽃양귀비는 감동스럽기까지 합니다. 물론 이 꽃 양귀비는 아편과는 다른 관상용입니다.

오늘 디카시의 주인공도 바로 양귀비꽃입니다. 그런데 시인이 포착한 사진의 전경前景은 화려한 꽃이 아니라, 털이 북슬거리는 몽오리입니다. 껍질이 약간 벌어진 모습에 여유로운 미소를 짓고 있습니다. "지금은 이렇게 털북숭이인 채로 고개 숙이고 있지만, 때가 되면 보여주리라, 나의 진면목을"이라고 말하는 것 같습니다. 시인은 양귀비 몽오리라는 전경前景을 내놓고 후경後景인 '겸손'을 노래합니다. 어머니가 늘 해주시는 말씀, 어머니 삶의 철학이 배어있는 말씀, 당신이 그렇게 살아왔듯 자식 또한 그렇게 살기를 당부하고 계십니다.

 자신을 내세우는 것이 능력처럼 된 요즘 겸손은 더이상 미덕이 아니라고 합니다. 겸손하고 착한 사람을 보면 오히려 소극적이거나 소심하다고 합니다. 자기주장이 강한 사람이 사회를 이끌어가는 것 같지만, 사실은 작은 목소리를 가진 올바른 사람들이 우리 사회의 주류가 되어야지요. 그래야 좀 더 건강하고 평화로운 세상이 될 거라고 생각합니다. 어떤 가수는 "겸손은 힘들다"라고 노래하기도 했지만, 겸손이야말로 오랜 시간 자기 수양이 된 사람만이 할 수 있는 고품격의 자기표현입니다. 진정한 겸손함이 주는 선한 영향력이 우리 삶을 이끌고 있습니다.
이 순간에도…

# 안과 밖

지친 남자가 앉아 있다

아버지였다가 나였다가

오래도록 흔들리고 있다

당신, 힘을 내요

당신 곁에 묵묵히 지켜봐 주는 이가 있어요


_ 송미경

시사모. 한국디카시학회 회원
2018년《시와문화》시 등단
물앙금시문학회 회원, 서양화가

안과 밖을 나눌 때 그 경계에는 문이나 벽이 있습니다. 안쪽이 평안함과 보호의 구역이라면 바깥쪽은 부대낌과 견뎌내야 할 곳 같습니다.
얼마 전에 본 넷플릭스 영화 '콘크리트 유토피아'도 그렇습니다. 아파트 안쪽이 유토피아로 그려졌다면 바깥쪽은 죽음과 공포의 영역으로 그려졌지요. 이와는 반대로 안쪽이 '갇힘'의 이미지라면 밖은 '벗어남, 자유'의 이미지가 될 수도 있습니다.

 디카시 '안과 밖'의 전경前景(사진)은 안쪽에는 싱싱한 스킨답서스가 심어진 화분이 놓여있습니다. 스킨답서스는 온도만 맞으면 거침없이 자라는 식물입니다. 한 마디 뚝 잘라서 물에 담아 놓으면 금세 뿌리를 만들어 새 줄기와 푸른 잎이 나오지요. 문 바깥쪽 풍경을 볼까요. 소주병과 가을의 끝자락으로 보이는 황량한 잡초들이 보입니다. 설명이 없어도 쓸쓸하고 아픕니다.

 시인은 그곳에서 아버지와 나를 봅니다. 아버지는 내 아버지이기도 하고 세상의 모든 아버지이기도 합니다.

어쩌면 한때 세상을 이끌어왔던 사람이나 사상思想이 될 수도 있습니다.

나는 누구입니까. 아버지처럼 밖으로 나갈 준비를 마친 사람입니다. 세상에서 꿈을 펼치며 흔들리기도 하겠지만 새로운 세상을 만들어 나갈 것입니다. 시인의 표현처럼 '아버지였다가 나였다가' 온도 차는 있지만, 안과 밖은 모두 우리가 살아가는 공간입니다.

처음부터 아버지로 태어난 사람이 없듯이 처음부터 유토피아였던 공간도 없습니다. 안이 따뜻하다고 안에서만 살 수 없고 밖이 자유롭다고 밖에만 살 수 있을까요? 안과 밖이 서로 버팀목이 되어 더불어 살아가는 일 누가 할까요? 꽃보다 아름다운 바로 당신과 내가 해야지요.

소망(所望)

저기요

우리는

언제 하나 되나요


_제갈일현

디카시집 『뒷바퀴』가 있음
시사모. 한국디카시학회 동인
『시의 에스프레소』 공저

러시아 작가 솔제니친은 11년간의 러시아수용소 경험을 바탕으로 "수용소군도"라는 소설을 썼지요. 이후 솔제니친은 이런 말을 했습니다. "희망 없이 살겠다는 말은 삶을 그만두겠다는 말과 같습니다." 솔제니친의 말을 빌리지 않아도 희망이 없는 삶의 비참함은 이미 잘 알고 있습니다. 희망은 어떤 경우에라도 살아가야 할 중요한 동력이니까요.

오늘 소개할 디카시 「소망」은 땅끝마을에 있는 조형물 '희망의 손'을 역광으로 담았습니다. 요즘 디카시는 단순히 디지털카메라로 사진을 찍고 시적 표현을 결합하는 작업에서 점점 진화하고 있습니다. 디지털카메라가 가진 여러 가지 기능을 잘 사용하는 것도 시적 완성도를 높이는 일입니다. 문자 시를 쓰는 시인들이 수십 차례의 퇴고 과정을 거쳐 한 작품을 탄생시키듯, 디카시 역시 그러한 퇴고 과정이 필요합니다. 순간적이고도 촌철 살인적인 감성이 필요하지만, 그것이 일반화될 수 없기 때문입니다. 즉물적인 이미지즘과 현장성을 기본으로 하되,

작품성도 갖춰야 한다는 뜻입니다. 또한 디카시는 디지털 기계를 선용하는 문학입니다. 첨단 인공지능을 장착한 AI기능 디지털카메라 시대에서 그것을 제대로 활용하지 못하면 디지털 문학으로서의 존재가치를 잃을 수도 있습니다.

 오늘 실루엣으로 처리된 사진은, 제목과 시의 내용에서 긴장감을 한층 높이고 있습니다. 글을 쓴 시인의 소망과 독자의 소망이 이 시에서 만나면 크게 다르지 않을 것 같습니다. 지금 우리나라는 123 비상계엄 이후 나라가 쪼개진 듯 서로 대립하고 있습니다. 개인의 사상, 종교, 정치 성향 등 다양성을 존중하는 것이 민주주의라고 합니다. 다만 그 목소리가 개인의 이익이 아니라, 공동체의 행복을 위한 것이기를 바랍니다. 그리고 잊지 말아야 할 것은 큰 목소리에 묻힌 작은 목소리의 소망입니다. 나와 생각이 다르다고 적대시한다면 독선적 전체주의로 가는 지름길에 들어선 사람일 것입니다. "저기요 우리는 언제 하나 되나요?"

# 부부싸움

또 한 번 져 준다


주먹을 확신하지만

우리 평안을 위해

가위를


_ 오명희

시사모. 한국디카시학회 회원

그리스로마 신화의 '헤라' 여신은 결혼과 가정의 수호신입니다. 신화 속에서 그녀가 주로 하는 일은 남편이자 희대의 바람둥이 제우스의 내연녀들과 사생아를 찾아내 괴롭히는 일입니다. 그래서 헤라는 질투와 복수의 화신처럼 보이기도 하지만 가정수호신인 헤라 입장에서는 해야 할 일을 당연히 한 것뿐이지요. 고대 그리스인들은 폭풍우가 불면 헤라와 제우스가 부부싸움을 한다고 생각했답니다. 최고의 신답게 이들의 부부싸움도 대단했나 봅니다.

결혼한 사람치고 부부싸움 안 해본 사람 있을까요? 여러분은 어떤 이유로 싸움을 하는지요. 적어도 세계평화에 이바지할 만한 주제로는 아닐 것 같습니다. 보통의 경우, 소소하고 시시한 일로 싸움은 시작되지요. 예전에는 부부싸움을 "칼로 물 베기"라고 했지만, 요즘은 양상이 다릅니다. 시대에 따라 부부싸움의 유형도 달라진 겁니다. 손자병법「모공」편에는 모든 싸움은 백전백승보다는 '싸우지 않고 이기는 것이 최상책'이라고 합니다. 고려의 서희 장군은 거란의 소손녕과 외교적 담판을 해서 강동 6주를 획득했지요.

우리나라 역사상 최고의 협상가라고 할만합니다. 갈등으로 인해 어쩔 수 없이 싸움하게 될 때, 설득과 타협이라는 전술이 필요합니다. 설득하려면 우선 상대를 제대로 이해해야 하지요.

 디카시 "부부싸움"의 아내는 남편의 수를 미리 읽고 오히려 그를 이기게 해 줍니다. 져줌으로 아내는 승자가 된 거지요. 푸른 창공과 멀리 보이는 산의 능선이 참 평화로워 보입니다. 모든 싸움이 그렇지만 특히 부부싸움은 승자는 없고 상처만 남습니다. 오죽하면 부부싸움을 "자식억장베기"라는 말이 나왔을까요? 가정의 평안을 위해 하는 부부싸움 이기는 방법보다는 잘 지는 법을 익혀 진정한 승자가 되어보십시오. 오늘 디카시처럼요.

보름

당신도 지금

보고 있나요


보고 있어요


그럼 우리는

함께 있는 거예요


_ 권준영

시사모. 한국디카시학회 회원, 무등디카시촌,
광주문협, 전남문협
보성문협 회원, 시가흐르는행복학교 교장
시집 『뽈, 물이 되다』 등 다수

세상에
강변에 달이 곱다고
전화를 주시다니요
흐르는 물 어디쯤 눈부시게 부서지는 소리
문득 들려옵니다

 이 시는 시인 김용택의 시「달이 떴다고 전화를 주시다니요」한 부분입니다. 달을 보며 떠오르는 사람이 있어서 그에게 전화한다면, 그것은 마음속에 사는 그리움의 짓입니다. 그리움이 화가에게는 붓을 들게 하고, 음악가에게는 노래를 부르게 하고, 시인에게는 시를 쓰게 합니다. 환장할 그리움의 힘입니다.
 그리움이 없다면 우리는 무슨 힘으로 삶을 아름답게 이어갈 수 있을까요. 밤하늘에 달이 떠오르면 누구나 할 것 없이 본능적으로 바라봅니다. 누군가는 소원을 빌고, 누군가는 막연히 떠오르는 사람을 생각하고, 또 누군가는 서성이기도 합니다. 모두 그리움이란 촉매제의 역할이지요. 권준영 시인의 위 디카시에서「보름」을 관통하고 있는 정서도 바로 '그리움'입니다. 한 공간에 살지 않아도 같은 달을 바라보고 있다면,

우리는 함께 있는 것이라는 애틋한 마음이 오롯하게 느껴집니다. 조선 후기 여류시인 삼의당三宜堂 김 씨가 지은 추야월秋夜月이란 제목의 시가 생각납니다.

달은 하나 두 곳을 비춰주지만
두 사람은 천 리를 떨어져 있네

천 리를 떨어져 만날 수 없는 그리운 이에 대한 마음이 절절하지요. 천 리보다 더 한 거리에 떨어져 살아도 그리운 이에게 닿게 하는 놀라운 달의 힘, 곧 그리움의 힘이기도 하지요. 오늘 권준영 시인의 "보름"을 읽으며 저도 그리운 이에게 전화해야겠습니다. 오늘 하늘에 뜬 달은 어제 그 달과는 다르지요. 이처럼 오늘은 오늘의 바람, 오늘 그리움으로 사는 거지요.

오월도 어느덧 후반입니다. 당신에게 오월은 어떤 달입니까? 아픈 기억도 좋은 기억도 많은 오월, 그리운 이름을 불러봅니다. 기억 속 그분들에게 안부를 묻습니다.

"괜찮습니까? 저는 잘 있습니다."

# 별 내리는 밤

밤하늘에서 별이 쏟아지는 것은

홀로 외로운 섬들에 입 맞추고


서럽고 가난한 산과 들에 손 내밀고

힘든 당신과 함께하고 싶은 거다


_이유상

사진집 『제주 좋은 빛 함께 봐요』, 산문집 『내 생의 오솔길』
사진에세이 『우리들 이야기 1, 2』,
디카시1급강사자격 취득
한국 디카시 학회 회원, 홍익대학교 건축학과 졸업

마음속에 별 하나 가지지 않은 사람 있을까요. 별은 가늠하기도 쉽지 않은 먼 거리에 있지만, 거리와 상관없이 우리 일상 속에서 함께 살고 있지요. 그 별에 가본 적이 없고 만져본 적도 없으나 오랜 친구나 고향 같은, 그래서 별은 동경과 그리움의 대상입니다. 별을 떠올리면 저는 알퐁스 도데와 윤동주와 빈센트 반 고흐가 떠오릅니다. 세 사람 모두 별을 통해 자신들의 그리움과 고통 그리고 사랑을 아름답고 처절하게 표현했지요.

 오늘 전경을 보십시오. 별이 쏟아져 내리고 있습니다. 우선 저 전경이 스마트폰으로 촬영한 작품이라니 놀랍습니다. 스마트폰 카메라 사용법을 따로 더 배워야겠다는 생각이 듭니다. "예술디카시로 승화하기 위해서는 시적 언술과 사진의 작품성이 문학적, 예술적으로 어우러져서 오래 두고 보거나 읽어도 가치 있는 것으로 인식될 수 있도록 해야 한다".라고 한국디카시학회는 지향하고 있습니다. 그런 의미에서 오늘 이 작품은 손색이 없습니다.

미세먼지와 공해 그리고 인공불빛 때문에 별 보기가 쉽지 않은 요즘이지만, 그래도 4월은 별을 보기에 좋은 달입니다. 오늘 밤 북쪽 하늘을 자세히 보십시오. 에티오피아의 여왕 카시오페아와 그녀의 남편 테세우스의 신화를 만날 수 있습니다. 허영심 때문에 영원한 형벌을 받고 있는 카시오페아 앞에서 별이 들려주는 삶의 지혜도 얻을 수 있겠지요.

목격

누가

가슴을 열었나

그 새벽

통통배 한 척 지나가더니.


_윤기환

계간 《시와편견》 디카시 등단
시집 『불꽃 한 송이』 펴냄.
디카시1급강사자격 취득
서울디카시아카데미 제6기 원우회장

영화 '길'을 보셨는지요. 오래된 영화지만 유명한 작품이죠. 서커스단 차력사 잠파노로 분한 '안쏘니퀸'과 어린아이 같은 백치미를 가진 젤소미나 역의 '줄리에 따 마시나'의 연기가 대단했어요. 끝없이 펼쳐진 길 위에 거칠고 무표정한 잠파노와 학대를 당하면서도 생기를 잃지 않던 젤소미나, 우리는 수많은 길 위에 섭니다. 우리가 걷는 길 외에도 물길, 산길, 하늘길, 그리고 새나 곤충이 다니는 길 등 모든 길에는 지나간 흔적이 새겨져 있습니다.

 길은 우리가 목표하는 방향으로 가게도 하지만 때로는 엉뚱한 곳으로 데려다주기도 합니다. 지금 걷는 길은 어떤가요? 당신이 진심으로 걷고 싶은 길인가요, 아니면 잘못 든 길인가요? 혼자 있나요? 아니면 누군가와 함께인가요?

 어느 날 잠파노는 이용 가치가 없어진 젤소미나를 죄의식 없이 길에 버립니다. 세월이 흘렀어도 잠파노는 여전히 길에서 쇼를 공연하고 있지요. 머리도 희끗희끗해졌고, 나잇살로 인해 배도 불룩해졌고,

예쁘고 똘똘해 보이는 여자 조수도 있는데, 행복해 보이지 않습니다. 산책을 나갔다가, 누군가 흥얼거리는 멜로디가 예전 젤소미나가 트럼펫으로 불던 음이라는 걸 알고 놀랍니다. 빨래를 널고 있던 여자로부터 젤소미나의 마지막을 듣는 잠파노, 먹지도 않고 울기만 하다 죽은 젤소미나, 잠파노는 젤소미나가 자신에게 의지한 것보다 더 많이 그녀에게 의지하고 있었음을 깨닫게 됩니다. 따뜻한 영혼을 가진 젤소미나는 잠파노의 구원자였던 거지요.

우리는 늘 돌아오기 위해 길을 나섭니다. 디카시 "목격"의 구불구불한 물길 위로 지나간 통통배가 목적지에 잘 도착했기를 기도해 봅니다.

# 뒤란의 가족

한데라도

아늑하기만 하지

어머니 품 안이면


_ 송봉진

예수로교회 목사,
장애인활동지원사(작은자리돌봄센터)
계간《시와편견》디카시 등단,
시사모.한국디카시학회 동인
동인지『시의 에스프레소』외 다수 공저

새끼를 밴 '터키시앙고라' 한 마리가 제집에 왔습니다. 우리 가족은 길고양이답지 않게 사람에 대한 경계심이 없는 그를 '한잎'이라 부르기로 했지요. 나뭇잎이 한 잎 두 잎 떨어지던 어느 늦가을이었어요. 한잎이는 우리 가족의 사랑을 듬뿍 받으며 살다 새끼를 아홉 마리나 낳았지요. 창고 옆 어둑한 곳에 몸을 푼 한잎이 밤마다 찾아오는 길냥이들로부터 새끼를 지키기 위한 눈물겨운 사투가 시작되었습니다. 그런데 가만히 보니 한잎이는 어떤 경우에도 새끼를 버려두고 길냥이들과 싸움을 벌이지 않았습니다. 날카로운 한잎이 소리를 듣고 마당에 나가 보면 한잎이는 마치 제게 새끼를 부탁하듯 쳐다보고 길냥이들을 뒤쫓아갔지요. 그리고 잠시 후 돌아와 새끼를 다시 품고 어루만집니다. "괜찮아 엄마가 있잖아"라고 하듯이.

세상에서 제일 편안하고 따뜻한 곳이 어딜까요 바로 저 엄마 품이 아닐까요? 새끼를 지키기 위해 뜬눈으로 밤을 새우는 어미의 본능 저도 여러분도 그런 품 안에서 살았고 또 그런 품을 내주기도 합니다. 디카시 「뒤란의 가족」 참 따뜻한 작품입니다. 이 디카시를 쓴 송봉진 시인이 세상을 바라보는 방향이 읽어집니다. 세상살이가 한데 같은 환경의 사람들이 주위에 많이 있지요. 경제가 어렵다고 살기가 팍팍하다고, 하지만 이웃을 위해 자기 품을 내주는 사람들 덕분에 아직은 살만한 세상이라고 말합니다. 품을 나누고 손을 잡아주는 사람들이 더 많아졌으면 하는 바람입니다. 한 컷의 사진과 짧은 글이 주는 따뜻한 카타르시스 디카시의 매력입니다.

# 3부
# 뒤집다

# 살곶이를 뒤집다

중력을 거슬러

예순네 개 돌기둥을 건넌다

역사의 뒤안이 팽팽하다


새로운 세상을 꿈꾸던 두 극점

빗나간 화살이 천년을 난다


_손계정


왕십리 연가_전국디카시현장 백일장 대상 수상작

2002년 격월간 《시사사》 시 등단
디카시집 『꿈에 들다』, 『찰나를 앓다』, 『지성이면 감천』 펴냄, 시집 『솔개』, 『바람의 사모곡』 등 5권, 개인 낭송 CD 3집 발행, 부산 디카시창작아카데미 원장, 문화예술극단 〈시나래〉 단장

한강과 중랑천이 만나는 성수동지역 평야를 예전에는 '살곶이벌'이라고 했답니다. '살곶이'라는 지명은 우리가 익히 잘 알고 있는 조선을 건국한 태조 이성계와 난을 일으켜 왕이 된 태종 이방원의 이야기에 유래합니다. 자신을 마중 나온 아들 이방원을 향해 분노의 화살을 쏜 아버지 이성계, 이후 이곳을 화살 꽂힌 벌판이라는 뜻의 '살곶이 벌'로 불렀답니다. 중랑천에 만든 '살곶이 다리'는 세종 1420년 공사를 시작 성종 때 완공한 폭이 6미터, 길이가 72.6. 미터나 되는 조선의 가장 긴 다리였지요. 흥선대원군 시절 돌을 일부 가져다 경복궁 재건에 썼다는 말도 있고, 1920년 일제 강점기에는 홍수로 일부 유실되기도 했지요.

성동구 왕십리를 잘 나타낼 수 있는 대표적인 곳이 어딜까 생각해 보았습니다. 첫 번째로 떠오른 곳이 '살곶이다리'였지요. 새로운 세상을 꿈꾸던 이성계와 이방원의 야망이 팽팽히 새겨진 곳, 과거 한양과 동남부 지방을 잇는 교통의 중심지였던 곳, 한때 가난과 이주의 상징이었지만, 이제 지식문화산업의 핫플레이스가 된 성동구 왕십리. 다리는 연결해 주는 구조물입니다.

과거와 현재 그리고 미래를 잇고, 사람과 사람, 문화와 문화를 잇는 상징입니다. 살곶이 다리를 카메라에 담고 사진을 뒤집어 시적 표현을 하는 기발함, 자칫 평범해질 수 있었던 다리 사진이 마치 할 말 많은 사람이 제 속을 다 보여주는 듯합니다. 육백여 년의 시간이 우르르 나와서 이렇게 다 쏟아놓으니 "후련하다"라고 말하는 것 같습니다.

# 법망

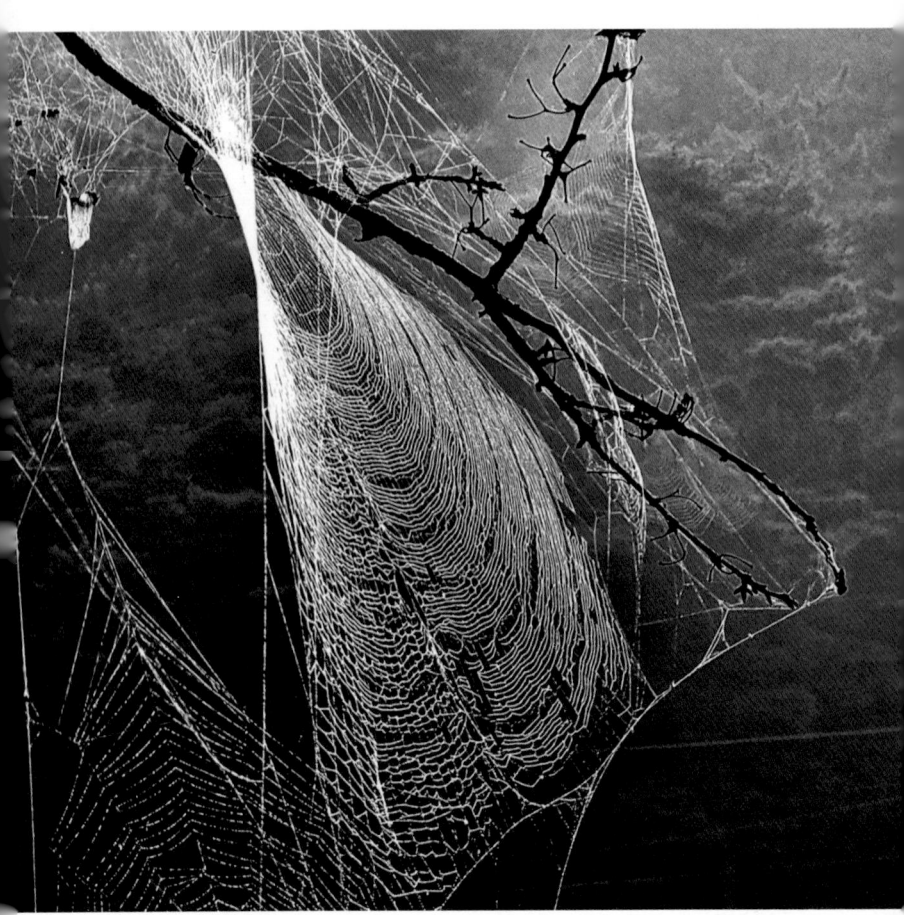

센 놈에겐 꼬리 내리고

약한 이에겐 서슬 퍼런

너희와는 달라


걸려들기만 하면, 우린

땡벌 흰나비 안 가려


_박병원

한국디카시학회 회원, 한국시인협회 회원
시집 『카메라도 눈멀어』, 『숨죽이며 기다리는 결정적 순간』
디카시집: 『빛, 길을 열다』, 디카시1급강사자격 취득

디케(dike)는 그리스 신화에 나오는 정의의 여신입니다. 눈을 가린 채 한 손에는 칼을 다른 손에는 저울을 들고 있지요. 법 앞에서의 공평과 엄정한 심판을 상징합니다. 눈을 가린 이유는 특정인에게만 유리한 판결을 내리지 않겠다는 뜻이라고 합니다.

우리나라 대법원에도 정의의 여신상이 있습니다. 눈은 가리지 않았고 칼 대신 법전을 들고 있습니다. 이는 진실을 두 눈으로 정확하게 보고 힘보다는 지혜로 정의를 밝힌다는 우리 사법부의 의지표현이라 합니다. 그런데 정말 법이 누구에게나 공평하고 정의로울까요? 결론적으로 그렇지 않다는 사실을 '거미'도 알고 있는 것 같습니다.

디카시 "법망"을 쓴 시인은 거미를 통해 우리 사회의 부조리를 풍자하고 있습니다.

"센 놈에겐 꼬리 내리고
약한 이에겐 서슬 퍼런"

법 없이도 살 사람을 보호하기 위해 등장한 것이 법이라는 사회정의 기준입니다. 그런데, 오늘 우리 사회를 보면 "억울하면 출세하라"라는 말이 더 어울립니다. 악행을 저지르고도 자신이 가지고 있는 힘을 이용 법망을 빠져나가는 센 사람들, 그런 법의 잣대를 보며 분노가 일어날 때가 많습니다. 그런데 법망 위에는 천망天網이 있습니다. 천망은 악한 사람을 잡기 위하여 하늘에 쳐 두었다는 그물입니다. 그물코가 크지만 절대로 놓치는 법이 없다고 합니다. 돈과 권력과 팬덤을 가지고 법을 우롱하는 센 사람들이여, 하늘 가득 쳐있는 천망은 결코 벗어날 수 없다는 것을 알아야 합니다. 백성이 하늘이고 민심이 천심이라는 사실도 꼭 기억해야 할 것입니다.

# 진실 왜곡

갈매기가 섬을 낳고 다녀요

증거 사진 있어요


이렇게 우기고 또 우기면

갈매기가 정말 섬을 낳을지도


_최현우

2024년 계간《시와편견》디카시 등단, 시사모.
한국디카시학회 회원
부산디카시아카데미 제4기, 5기, 6기 전 과정 수료
한국해양과학기술원 AI센터 근무(정보학 박사)

우대식 시인이 쓴 시 「뻥의 나라에서」는 초등학교 3학년 막내와 시인이 돈키호테를 읽습니다. 그런데 재미있게 읽던 막내가 시인에게 묻습니다

"아빠 이거 다 뻥이지요"

시인은 시의 말미에, 뻥이 없으면 이 세상은 도무지 허무하여 살 수 없음을 아이가 깨닫기를 바란다고 합니다.

아리스토텔레스는 「시학」을 통해 문학은 인간의 감정을 정화하고 철학적 진리를 전달하는 도구라고 했습니다. 풍자, 해학 은유 등을 통해 만나는 그 시대의 모습과, 또 그 안에서 어떻게 살아야 하는가를 말하는 촌철살인의 글들 문학적 상상이 주는 최고의 선물이라 생각합니다.

디카시 "진실왜곡"을 읽어보십시오. 사진과 시적 표현에 감탄하게 됩니다. 갈매기가 섬을 낳았다니요? 지은이가 돈키호테인가? 하고 보니 부산에서 바다를 연구하는 최현우 시인입니다.

문학 속 풍자는 의미와 감동, 재미를 배가시키지만, 사실을 전달하는 뉴스는 어떨까요. 두말할 것도 없이 정론직필(正論直筆)이 원칙이 되어야 합니다. 그렇지만

현실은 어떤가요? 기자의 양심을 저버린 기사가 난무하니 참으로 우려스럽습니다. 정치인 역시 사회나 나라의 발전은 뒷전이고 자기 정파의 이익에만 혈안이 된 듯합니다. 이런 현상을 부채질하는 무리가 있는데, '사이버레카'입니다. 사회적 관심이 높은 주제를 가지고 영상 콘텐츠를 제작해 배포하는 사람들입니다. 이들은 조회 수가 많을수록 돈이 되기 때문에, 진실과는 거리가 있는 자극적인 기사, 엉터리 기사가 너무 많습니다. 특정 인물을 순식간에 파렴치한으로 만들기도 하고, 도둑놈이나 사기꾼을 의인으로 만들기도 합니다.

그런데 문제는 이들의 콘텐츠에 경도된 사람들은 그런 뉴스나 영상을 그대로 믿고 심지어 확산시키고 있다는 점입니다. 저와 여러분도 알게 모르게 이 일에 가담하고 있습니다. 보고 싶은 것만 보다가는 문맹보다 무서운 디지털맹인盲人이 나도 모르게 된다는 말입니다. 올바른 생각과 균형적 시각을 키워야 잘 살 수 있습니다. 자신의 이익을 위해 타인의 고통에는 관심 없는 무법자의 뻥은 사회질서를 파괴하는 범죄일 뿐입니다.

## 불공정 거래
### -기와불사

딸랑 만 원으로

이 많은 걸 바란다고?


_ 정진용

시사모. 한국디카시학회회원
2017년 시집 『여전히 안녕하신지요』로 작품활동 시작.
시집 『버릴게 없어 버릴 것만 남았다』 출간

기도는 신 또는 신격화된 대상과 의사소통을 하려는 행위를 말하지요. 대개가 신께 무엇을 원할 때 그것을 글로나 말로 표현하는 것입니다. 오늘 디카시 「불공정거래」를 읽는 순간 감탄이 나옵니다. "맞아 불공정거래지"라고. 기와불사 한 장 하면서 재벌도 되고 싶고, 페라리 자동차도 갖고 싶고, 건강에 결혼도 하고 싶은 마음, 확실히 큰 욕심이지요.

 우리는 늘 복福을 기원하며 살아갑니다. 재벌이 되고 싶은 것도, 건강하고 싶은 것도, 모두 복을 바라는 마음입니다. 재물복, 인복, 부모복, 형제복, 건강복, 등등 수많은 복을 기원하지요. 어디 기와 불사뿐일까요? 항아리 위에 깨끗한 물 한 그릇 떠 놓고 비는 마음도, 대보름달 앞에 서는 마음도 유성이 떨어질 때 재빨리 기도하는 마음도 결국 복을 비는 마음입니다.

 옛말에 "부모 복이 없는 사람은 배우자 복도 없고, 배우자 복이 없는 사람은 자식복도 없다"라고 했지요. 역으로 말하면 부모복 있는 사람이 결국 좋은 배우자도 만나고 자식복도 있다는 말인데 맞는 말인가요? 어느 단체에서 조사를 해봤다네요.

 부모복, 배우자복, 자식복 중 하나를 택하면 무엇을 선택하겠냐고요. 응답자의 45%가 부모복을 선택했고, 35%는 배우자복을 택했다고 합니다. 여러분 같으면 어떤 복을 받고 싶은가요? 꼭 한 가지만 선택하라면 말입니다. 그런데 복을 얻기 위해 내가 해야 할 일에 대해서는 늘 놓치고 있는 느낌입니다. 복도 노력하는 사람에게 오는데 말입니다.

 그리고 디카시 소재가 이렇게 바로 우리 곁에 있는 것을 알아보는 오늘 시인은 무슨 복을 받은 걸까요?

# 빛의 오해

악마 이면에

꽃 미소 짓고


꽃 이면에

악마 도사리니


_박혁

계간《시와편견》디카시 등단,
계간《현대시선》시 등단
시사모. 한국디카시학회 회원,
디카시1급강사자격 취득
한국디카시학 주최 '전국디카시공모전' 대상

인간의 이중인격을 풍자한 대표적 작품은 '로버트 루이스 스티븐슨'의 고전소설 『지킬 박사와 하이드 씨』입니다. 배우 조승우 씨가 뮤지컬 넘버 '지금 이 순간'을 부를 때 소름이 돋으며 눈물 흘린 경험도 있습니다. 제가 본 뮤지컬 중 최고를 꼽으라면 저는 망설이지 않고 이 작품에 엄지를 줍니다. 친절하고 성실한 과학자 지킬 박사는 가루약을 삼키면 알아보기도 힘들 정도의 포악하고 무자비한 하이드로 변하게 됩니다. 지킬 박사, 그리고 하이드 씨의 이야기가 지금껏 공감을 얻는 이유가 무엇일까요?

정도의 차이는 있지만, 인간이라면 누구나 이중성을 가지고 있기 때문이라고 저는 생각합니다. 극명하지는 않지만, 저도 갑작스러운 기분 변화에 당혹스러울 때가 가끔 있었습니다. 가만히 저의 내면을 들여다보면 부정적인 감정과 욕망 불안 등이 그림자를 넓히고 있습니다.

디카시 「빛의 오해」를 쓴 시인은 꽃의 이면 그림자를 보며 악마를 떠올립니다. 빛이 없다면 그림자도 없겠지요. 시인은 빛과 그림자를 내세워 천사와 악마의 공존. 상황에 따라 천사가 되었다가 또 악마적 사고를 하는, 나와 우리를 끌어내고 있습니다.

저는 이 작품을 통해 심리학자 융이나 정신분석학 프로이트까지 만납니다. 세상을 선과 악으로만 구분 지을 수 없지만, 내면에 그림자는 분명 존재합니다. 어둡고 억압된 그림자를 포용하는 것은 어떨까요?. 빛의 이면에 있는 어두운 나를 불러내어서 인정하고 토닥토닥 위로해 보십시오. 저도 그렇게 해보겠습니다.

# 소뇌위축증

어지럽게 흔들거리는 오늘
삐뚤거리는 글씨로 노래하고
아름다운 날 커피잔이 춤춘다
잊어버린 이름을 어눌하게 부르는

저 꽃이 내일이며 희망이다


_백민호

시사모., 한국디카시학회 회원

저는 동네 하천가를 걷거나 산길 그리고 주택가 골목 산책을 자주 합니다. 산책을 통해 계절의 변화나 사람들의 움직임을 눈여겨보기도 하지만, 대부분은 아무 생각 없이 무작정 걷지요.

'바람구두를 신었던 사나이'로 불렸던 천재 시인 랭보는, 1871년 지인에게 보낸 편지에서, "시인은 견자見者가 되어야 한다'"라고 했지요. 견자란 '보이지 않는 것을 보는' 사람을 뜻하지요. 보이지 않는 것을 보려면 어떻게 해야 할까요.

보이는 현실에 짓눌리지 않고 현실을 뚫고 나가야 한답니다. 디카시를 쓰는 시인들 역시 '바람 구두를 신은 견자'가 되어야 한다고 생각합니다. 디카시는 책상 앞에 가만히 앉아 쓰는 시가 아니잖아요. 산책이든 여행이든 일단 나가야 합니다. 길 위에서 만나는 렌즈를 통해 잡아낸 시인 만의 피사체는 관점에 따라 참 다양하지요.

오늘 디카시는 '소뇌위축증'입니다. '소뇌위축증'은 '소뇌가 점차적으로 손상되어 그 기능을 잃어가는 질병'이라고 합니다. 소뇌는 우리 몸의 균형을 잡는데 중추적인 역할을 하지요. 그런 곳이 기능을 잃으면 가장 먼저 나타나는 문제가 보행장애일 것입니다. 이 시를 쓴 시인은 이십여 년 전에 소뇌위축증 진단을 받았다고 합니다. "어지럽게 흔들리는 오늘/ 삐뚤거리는 글씨로 노래하는/ 아름다운 날 커피잔이 춤춘다/ 잊어버린 이름을 어눌하게 부르는/ 저 꽃이 내일이며 희망이다"

시의 모티프로 가져온 사진은, 큰 나무가 베어지고 밑동도 사라져 테두리만 남은 모습입니다. 그곳에서 시인은 점점 위축되고 있는 자신의 소뇌를 만납니다.

아득하고 눈물 날 것 같지만, 시인은 그 안에서 핀 털머위 꽃을 보며 희망을 노래합니다. 어지럽게 흔들리고 있지만, 삐뚤거리는 글씨지만, 시인이 쓴 시는 절대 어눌하지도 위축되지도 않았습니다. 힘내세요.

# 뒤돌아 갈 때도 우아하게

바람처럼 왔다 사막모래처럼 흩어지는 뜨거운

사랑보담도

미운, 고운정 모여 흐른 냇물같은 사랑이야기가

이별 뒤 생채기에 파문 일어도 기다린 봄

분명. 꽃은 다시 필거야


_해찬솔

시사모.한국디카시학회 회원
시집 『사람의 꽃』 외 다수

석가모니는 자신의 임종을 지켜보기 위해 모인 제자들에게 "세상에는 영원한 것은 없다 만나면 반드시 이별이 있다"라고 말합니다. 산 사람은 언젠가는 반드시 죽기 때문에 슬퍼하지 말라고 위로하는 스승의 마지막 말이지요. 회자정리會者定離를 말하지 않아도 우리 삶은 매 순간이 만남과 이별의 연속입니다. "만날 때 아름다운 사람보다는 헤어질 때 아름다운 사람이 되자" 유명한 트로트의 가사처럼 만남도 중요하지만, 마무리는 더 중요합니다. 마무리 여하에 따라 다시는 보고 싶지 않은 사람이 있는가 하면, 두고두고 그리운 사람도 있으니까요.

  오늘 디카시를 감상해 보겠습니다. 우선 제목입니다. 「뒤돌아 갈 때도 우아하게」 제목은 글의 첫인상이고 독자의 호기심을 이끄는 중요한 열쇠라고 할 수 있습니다. 특히 시에서 제목이 차지하는 비율은 더 높습니다. 저는 시집을 사면 목차를 먼저 보고 시를 선택해 읽습니다. 오늘 디카시도 제목이 전부 말하고 있습니다. 뒤돌아 갈 때도 우아한 이별의 대상은 두고두고 그립고 다시 만나고 싶은 대상일 겁니다.

"이별 뒤 생채기에 파문 일어도 기다린 봄, 분명, 꽃은 다시 필 거야" 이별로 인해 생긴 상처가 당장은 조금 아파도 그 상처를 딛고 기다리는 봄꽃이 다시 필 거라는 믿음, 인간관계도, 자연과의 관계도, 만남과 이별을 계속하며 덧없기도 하지만, 회자정리거자필반會者定離去者必返이란 법화경의 말씀처럼, 만나는 사람은 반드시 헤어지게 되고, 떠난 사람은 반드시 돌아온다는 것을 기억하면 좋겠습니다. 우리 삶의 연속성을 생각한다면 당연히 헤어질 때 아름다운 사람이 되어야겠지요. 오늘 디카시처럼 뒤돌아갈 때도 우아하게 말입니다.

## 맞불 놓기

황소들은 어디 가고

제비들만 남아서

네 탓으로 밤낮인데

피땀으로 이룬 이 땅에

겨울은 깊어지고


_ 박일례

경북 대구 출생
서울디카시아카데미 회원,
디카시1급강사자격 취득
그림책《백살공주 꽃대할배》출간(2021)

디카시는, 지금이라는 순간이 지나면 다시 보기 어려운 현장을 포착해 시적 표현을 하는 열정과 순발력을 요구하는 예술입니다. 오늘 디카시의 사진을 보십시오. 상대를 노려보며 입을 한껏 벌린 제비 두 마리 저 모습이 적어도 사랑을 나누는 모습으로 보이지는 않습니다. 오히려 내가 옳다고, 절대 용서 안 하겠다고, 너 죽고 나 살자고, 금방이라도 한바탕 몸싸움이 시작될 거 같습니다. 저 입은 날카로운 무기가 되어 서로에게 깊은 상처를 남기겠지요. 이 모습 눈에 익숙하지 않나요? 저는 소름이 돋았습니다.

오늘 시인은 우연히 이 풍경을 만나 정신없이 휴대폰으로 연속촬영 했다고 합니다. 저들이 부부라면 이혼을 했을 것 같고, 저들이 친구라면 절교했을 것 같습니다. 그런데 시인은, 선조들이 피땀으로 지켜온 이 땅을 말하고 있습니다. 땀 흘려 일하는 황소 같은 일꾼들은 어디 가고 나부대는 입만 남아 싸움질이냐고 한탄합니다. 예로부터 정치와 경제가 안정된 시대는 사람들은 왕이 누군지 잘 알지 못하고 각자의 일을 했지요. 반대로, 사람들이 나라를 걱정하고 "못살겠다"라며 뛰쳐나와 외치는 시대를 우리는 '난세'라고 합니다. 공자는 "군자는 어떤 것이 옳은 일인지 잘 알고, 소인은 어떤 것이 이익인지 잘 안다."라고 했습니다. 우리가 뽑은 일꾼이 자신의 이익이 아닌 국민의 안녕과 나라의 미래를 위해 일하기를 바랍니다. 그런 사람이 많아야 우리의 평범한 일상이 지켜집니다. 이 추운 날 거리에서 나라 걱정으로 밤을 새우는 일, 다시는 없게 해 주십시오. 불면과 두통, 소화 불량을 앓는 국민이 많다고 합니다. 국민은 집단 스트레스로 힘들어하고 있습니다. 주말은 소소하고 확실한 행복을 누릴 수 있게 해 주십시오.

# 습관성 뻥튀기

곱게 포장한 채 뻥튀겨 낸 얇은 말,

한두 번 아니다

한두 가지 아니다


한 번만 믿고 투표해 달라더니

허영뿐인 세상 당장이라도 바꿀 것 같더니


_ 서목

계간 《시와편견》 디카시 등단
시사모. 한국디카시학회 회원
디카시1급강사자격 취득

이 세상 '뻥과자'는 다 모인 것 같습니다. 사진인데도 고소한 냄새가 솔솔 납니다.

뻥과자 안 먹어본 사람 있을까요? 이 과자의 유일한 단점은 한번 먹기 시작하면 바닥이 날 때까지 손이 자꾸 간다는 사실입니다. 뻥과자는 쌀, 콩, 옥수수. 떡 등을 높은 온도에 놓고 튀겨내면, 본래의 크기보다 두 세배 부푸는 오래된 우리네 간식이지요.

시인은 각종 뻥과자를 앞세워 거짓말을 잘하는 '정치꾼' 이야기를 하고 있습니다. 한 달여 앞으로 다가온 지방선거 어느 때보다 정신 차려야 할 사람은 바로 우리 유권자입니다. 정치인들이 내세우는 공약은 개인의 약속이 아니라 공공의 약속입니다. 그런 만큼 꼭 지켜져야 하고 지키려고 노력해야 하지요.

공약公約이 공약空約이 되어서는 안 되지요. 오늘 시인의 시적 표현처럼, 습관성 뻥은 곤란합니다. 표를 얻기 위해 만들어낸 임시 방편용 거짓 약속은 유권자의 분노만 불러올 것입니다.

영국에서는 매년 '세계 거짓말대회'가 열린다고 합니다. 참가 자격은 제한 없지만, 정치가, 변호사,

외교관은 안 된다고 해요. 이들은 거짓말이 생활화된 사람들이라는 이유지요. '장미의 이름'의 작가 움베르토 에코는 "거짓을 말하는 것"과 "거짓말을 한다는 것"을 구분합니다. 천동설을 주장한 프토레마이오스는 거짓을 말했지만, 거짓말은 하지 않았지요. 그는 진짜 태양이 지구를 돈다고 믿었기 때문이지요. 거짓을 말하는 것은 참 또는 진리와 관련이 있고 거짓말을 하는 것은 윤리와 관련이 있습니다.

공익에는 관심이 없고 진실 여부보다는 권력만 탐하는 거짓말쟁이 정치꾼을 가려낼 줄 아는 유권자가 되어야지요. 뻥과자는 허기라도 메워주지만 뻥쟁이 정치꾼은 유권자의 가슴을 구멍 내는 퇴출 대상 일 순위입니다.

# 연금상태

너무 예쁜 것도 죄가 됩니다

제 코가 높아 세상이 달라질 거라고
크레오파트라의 야심을 경계합니다

숨이 차올라 가슴이 답답합니다
벌도 나비도 오지 않고


_ 강영준

월간《시사문단》시/수필 등단(2018)
계간《한국시학》신인상(2024)
한국디카시학회, 한국문인협회 회원,
광주디카시인협회 회원

오늘 디카시의 주인공은 수초에 갇힌 연꽃봉오리예요. 저 장면을 포착하고 시를 쓴 시인이 뽑은 제목은 「연금 상태」입니다. '연금'을 사전에서 찾아보면 "본인의 의사와 관계없이 특정인을 외부와의 접촉이나 외출은 허가하지 않으나, 일정한 장소 안에서의 신체적 자유는 구속하지 않는 감금 상태"라고 나옵니다. 아웅 산 수지, 파블로 네루다, 고인이 되신 김영삼, 김대중 전 대통령이 가택연금을 당한 적이 있지요. 1632년 갈릴레오 갈릴레이는 지동설을 주장한 그의 논문 "대화"로 인해 이듬해 종교재판에서 이단으로 유죄 선고를 받았습니다. 그는 교황에게 용서를 빌고 감옥에 가는 대신 종신 가택연금을 당했지요. 연금 상태가 당사자에게 얼마나 고통을 주는 형벌인지는 두말할 필요가 없습니다.

이 글을 읽는 여러분 중에 혹시 연금 상태인 분 계신가요. 아마 없을 겁니다. 우리는 모두 자유롭지요. 불과 이년 전, 코로나 시절을 생각해 보아요. '코로나'로 판정받았다 하면 외출이 금지되고, 격리당하고, 정말 끔찍했어요. 이렇게 물리적인 연금 상태도 힘들지만,

우리 마음 한 켠에 감옥이 있다면 어떨까요. 나를 끝없이 붙잡는 죄책감, 불안, 스트레스 등이 바로 이 시대를 살아가는 우리의 감옥입니다. 그 안에 갇혀 스스로 발목을 잡고 있다면 연금 상태나 다를 바가 없지요.

저 디카시에 등장하는 예쁜 꽃을 피울 홍련을 보세요. 수초가 가로막고 있지만, 결코 홍련의 개화를 막지 못합니다. 스트레스나 불안감이 우리를 힘들게 해도 그곳의 문을 열고 나오는 것은 바로 나 자신입니다. 나오십시오. 바로 지금.

빙렬

이미 돌이킬 수는 없지만

불행한 최후는 아니다

아직은 아름다운 것을 간직할 수 있고

생애 어느 때보다 아름답기도 하다

부서지지 않는다면 흠도 아니다


_송봉진

예수로교회 목사,
장애인활동지원사(작은자리돌봄센터)
계간《시와편견》디카시 등단,
시사모.한국디카시학회 동인
동인지『시의 에스프레소』외 다수 공저

아침에 일어나 제일 먼저 하는 일이 창문을 열어 공기를 환기시키는 일입니다. 창밖 풍경을 잠시 바라봅니다. 감나무에 남겨둔 까치밥을 오늘은 물까치 두 마리가 와서 쪼아 먹고 있고, 겨울 국화가 수명을 다했는지 볼품없이 시들고 있습니다. 창밖 풍경은 어제와 다를 바 없어 보이지만 미세한 자연의 변화를 읽습니다.

저는 '창'을 좋아합니다. 유럽에서는 한때 주택의 규모를 창이 몇 개인가로 가늠하던 시절이 있었습니다. 프랑스 베르사유 궁전의 경우 창이 2143개라하니 그 규모가 대단하지요.

1696년 영국은 '창문세'를 신설했지요. 세금을 덜 내려고 창을 가리는 사람도 있었지만, 부를 과시하려고 창을 더 많이 부풀리는 사람도 있었다 합니다. 창의 개수나 넓이를 가지고 세금을 내라고 했다니 요즘 같으면 가당치 않은 얘기지요.

우리는 창을 통해 바깥세상을 바라보고, 창을 통해 새로운 문화를 받아들이기도 합니다. 벽이 안과 밖을 나눈다면, 창은 소통이고 통로입니다.

오늘 디카시의 전경(사진)은 실금이 가득한

유리창입니다. 곧 쏟아질 듯 위태롭습니다. 시인은 이 깨진 창 통해 일몰을 만납니다. 생애 어느 때보다 아름다운 시간을 보내고 있다고 노래합니다.

디카시가 늘 교훈적일 필요는 없지만, 흔들리고 넘어지는 삶을 향해 주는 교훈을 읽어낼 수 있습니다. 우리는 늘 최선을 다해 살지만, 누구나 최고의 결과를 얻지는 못합니다.

그 일이 얼마나 힘든지 잘 알고 있지요. 유리가 깨지지 않았다면 어쩌면 더 아름다운 일몰을 볼 수 있었겠지요. 하지만 유리는 깨져버렸어요. 시인은 노래합니다.

"이미 돌이킬 수는 없지만 불행한 최후는 아니다."

모든 것은 보는 관점과 생각하는 각도에 따라 달라진다고 했습니다. 최선이 사라져도 아직 차선이 남아있습니다. 쏟아져 내리지만 않는다면,

# 순애보

가슴 태우던 시간 위에

하얀 미소가 앉아

도망쳐 버린 그리움을

노래로 피워 봅니다


-정병윤

계간《시와편견》시 등단, 제1회
[경남도민신문신춘문예] 디카시 부문 당선
시사모, 한국디카시학회 동인, 한국디카시학회
서울특별시 지부장
시집《붉은 하늘》외 다수 공저,
디카시 1급강사자격 취득

'장미언어'를 아시나요? 19세기부터 사람들은 꽃을 통해 자기감정을 전달했는데 그 중심에는 장미가 있지요. 붉은 장미는 열정적인 사랑과 낭만을 분홍장미는 감탄과 감사 노란 장미는 우정과 기쁨을 흰 장미는 순수, 주황색은 열정과 매혹 등을 상징합니다. 이런 장미언어는 사람의 감정을 더욱 섬세하게 표현해 주는 역할을 톡톡히 해왔지요.

 장미의 상징성은 문화와도 깊이 연관되어 있습니다. 고대 그리스 신화에는 미의 여신인 아프로디테와 연결되어 있고 기독교에서는 붉은 장미가 성모마리아와 순교의 상징이 되었고, 이슬람에서는 신성한 사랑과 연관 짓습니다. 중국에서 장미는 균형과 조화의 상징으로 숭배되었지요. 수많은 문학과 음악, 그림 등 예술작품의 주요 소재가 되었고, 향수나 화장품, 조경목 등으로 쓰임 받는 장미, 오늘 디카시의 주인공도 장미입니다. 말라가는 장미꽃 위에 눈이 내렸습니다. 붉은 꽃잎과 하얀 눈의 만남은 강열하다 못해 처연해 보입니다. 순애보殉愛譜 라는 제목처럼 사랑을 위해 모든 것을 바치고 떠나는 연인의 모습 같습니다.

고대 그리스의 시인 에우리피테스는 말했지요. 영원히 사랑하지 않는 자는 사랑하는 자가 아니다' 그리고 공자는 '인仁 이란 사람을 사랑하는 것'이라고 했습니다. 장미는 사랑의 상징입니다. 사랑은 우리가 살아가는 이유입니다. 이 세대는 사랑을 믿지 않는다고 합니다. 사랑이니, 희생이니 하는 말은 이제 박물관에 박제해야 한다고도 합니다. 하지만, 그럼에도 불구하고 사랑이 없다면 모두 무슨 소용이 있을까요. 장미가 꽃의 여왕이듯 사랑은 삶의 최고 가치입니다. 오늘은 장미언어로 내 마음을 표현해 보는 것 어떨까요.

# 인생, 그 폭우

겹겹의 하늘이 무너져도

오래 쟁여두었던 나의 슬픔은 젖지 않았다

버틴다는 일은 젖지않겠다는 다짐

요란한 세월을 견뎌냈을 뿐

나를 일으켜 세운 저 꿋꿋한 직립


_ 김태경

2012년《열린문학》신인상_시,
2023년《시와 편견》디카시 신인상
시사모. 한국디카시학회 회원
부산문인협회 회원

스마트폰에 저장된 과거의 사진을 다시 볼 때가 있습니다. 포털 사이트가 보내주거나 sns에 올라간 사진들이 추억을 꺼내 주는 서비스지요. 4년 전 오늘, 코로나로 인해 마스크를 쓰고 찍은 사진이 왔습니다.

거리 두기, 집합 금지 등, 사람이 사람을 피해 고립되어야만 했던 날들, 마스크 위로 보이는 불안한 눈빛이 막막했던 그 날의 기억을 되살려줍니다. 저장해 둔 사진은 메모해 둔 손글씨보다 힘이 셉니다. 디카시를 기록문학이라 하는 것도 그런 이유라고 봅니다.

디카시의 시적 대상은 따로 정해진 것이 아니라, 누가 무엇을 만났는지에 따라 달라집니다. 오늘 디카시를 보겠습니다. 여름에 흔히 볼 수 있는 파라솔의 안쪽을 담았습니다. 시인은 노래합니다.

겹겹의 하늘이 무너져도 오래 쟁여두었던 나의 슬픔은 젖지 않았다 .버틴다는 일은 젖지 않겠다는 다짐 요란한 세월을 견뎌냈을 뿐 나를 일으켜 세운 저 꼿꼿한 직립 사진이 주는 강렬함과 삶의 편린을 응축시킨 시적 표현이 만나서 절묘한 어울림의 작품이 되었습니다. 가슴 저 밑바닥 가라앉아 있던 설움이 부유합니다.

살면서 누구나 만날 수 있는 뜻밖의 폭우 나 폭풍 앞에서, 쓰러지지 않으려 견디고 버텨냈을 삶의 무게를 상상해 봅니다.

 삶은 견뎌내는 것이라고 합니다. 추위와 더위를 견디고, 나를 미워하는 사람을, 내가 미운 사람을 견뎌내고, 내 목을 짓누르는 것들을 견뎌내고, 나를 슬프게 하는 것들을 견뎌내고, 그렇게 내 짐을 지고 가는 것이라고 합니다. 파라솔에서 인생을 발견한 시인의 예민한 촉수에 박수를 보냅니다. 누군가는 이 파라솔을 보며 또 다른 것을 떠올리겠지요. 몇 년 후 오늘 이 사진을 보았을 때, 시인은 또 어떤 시를 쓸 수 있을까요? 디카시는 사물의 순간도 포착하지만, 시인의 마음도 순간 포착이니까요.

# 입춘

그곳에도

퀵 서비스 될까

허공을 가로지르는 그리움

봄이 오고 있는데


_조문정

계간《시와편견》등단,
시사모, 한국디카시학회 동인
시집 『시인의 국밥집』 펴냄. 동인지 『붉은 하늘』
외 11권 공저
진주에서 '조문정국수집' 운영 중

'그리움'의 어원이 '긁다'라고 합니다. 생각을 긁으면 글이 되고, 형상을 긁으면 그림이 되고, 마음을 긁으면 그리움이 된다는 말입니다. 일부의 주장이기는 하지만 박수를 보냅니다. 그리움의 시작은 어디서부터일까요? '그대가 곁에 있어도 그립다'라는 시집도 있지만, 사실 그리움은 상실 후의 감정입니다. 오늘 디카시도 '그리움'입니다.
하늘을 나는 연과 시인은 '그리움'이란 줄로 연결되어 있습니다.

 문득 떠나간 사람 얼굴이 떠오릅니다. 이제는 영영 만날 수 없는 사람, 혹 꿈에서라도 볼까 기대하지만, 그것조차 쉽지 않지요. 그와 함께 맞았던 수많은 봄, 그 봄이 다시 오고 있습니다. 떠난 사람도 봄처럼 다시 올 수 없을까요. 할 수만 있다면 퀵 서비스에게 부탁해 잘 있는지 묻고 싶고 맛있는 음식도 보내 주고 싶습니다. 전 세계가 하나의 네트워크 이어진 요즘인데, 갈 수 없는 곳을 향한 시인의 사무친 마음은 허공만 가로지르고 있습니다. 남은 사람의 몫은 그리움뿐입니다. 안도현 시인의 '그리움 죽이기'라는 시가 있습니다. 그리움이란 놈을 죽이기 위해 칼을 갈아 내리치고 자르지만 잘라낼수록 되살아나기만 합니다. 시의 끝부분에서 시인은 고백합니다.

"아뿔싸/ 그리움이란 놈/ 몸뚱이 잘라 번식함을 나는 몰랐다"라고. 어쩌면 시인들의 오장육부는 그리움으로 가득차 있는지도 모르겠습니다. 늘 마음을 긁고 있으니까요.

# 자유

감금이란 단어가 가슴을 눌러댔다

뭐하고 있지?
간수의 폭언처럼 일제가 계속되었다

소리가 없었다
늦은 밤 이불을 더듬 듯 괴기스러웠다.

_윤기경

시사모, 한국디카시학회 동인

"강은 만리의 바람을 머금었다라는 뜻의 '강함만리풍 江含萬里風'는, 율곡 이이가 8세에 지은 '화석정시'의 한 구절입니다. 어린 율곡의 통찰력과 심미안은 잔물결이 일렁이는 강물을 모습을 보며 만리 밖에서 불어온 바람을 생각합니다. 그곳에 무슨 일이 있기에 바람을 일으켜 만리나 달려오게 했을까요?

저는 매일 여러 편의 디카시를 보며 "강함만리풍"을 떠올립니다. 디카시 「자유」를 보십시오. 사진을 보자 떠오른 첫 번째 단어는 '서대문형무소'입니다. 그리고 꼬리를 물고 나타나는 단어들, 일제 강점기, 독립운동, 항일투사, 고문, 일본 경찰, 친일파, 백범 김구, 유관순 열사 안중근 의사, 사형 그리고 대한민국임시정부, 그리고 ".광복절이냐 건국절이냐" 등등

1908년 일본이 세운 전국 최대규모 서대문형무소는, 1987년 폐쇄될 때까지 80년 동안 항일독립운동가들이, 해방 후에는 독재정권에 저항했던 민주화 운동가들이 갇혔던 역사의 현장입니다. 그분들의 자유와 평화를 향한 신념을 기억하는 서대문형무소 역사관'이라는

명칭으로 1998년 다시 개관되었습니다.

 고통스럽고 처참했던 역사의 장면들이 지금을 사는 우리에게 충격과 교훈을 주고있습니다. 디카시 '자유'에 담은 사진은 간수들이 옥사 내부를 감시하던 문입니다. 내부에서는 절대 열 수 없는 문, 일본은 36년 동안 우리나라 전 국토를 감옥으로 만들었고, 우리 국민은 모두 갇힌 삶을 살아야 했지요. 지금 우리가 누리는 이 자유는 누군가의 간절한 소원이었으며 죽음의 희생으로 찾은 것임을 잊지 말아야겠습니다.

 오늘의 대한민국이 있기까지 고생하고 희생하신 모든 분께 고개 숙여 경의를 표합니다.

4부
맺다

# 시대를 접다

어둠이 깊을 수록

더 빛났고

너를 위해 늘 뜨거웠다

그래서

부스러기 만큼 후회도 없다


_손병규

계간 《시와편견》 디카시 등단(2025 봄)
한국문인협회 회원, 시사모, 한국디카시학 동인
2024년 '한국의디카시展' 대상,
시집 『그 남자의 휴식』 펴냄

성서에는 창조주가 천지를 만들던 첫날. "빛이 있으라"하시고 빛과 어둠을 나눕니다. 빛을 낮이라 하고 어둠을 밤이라 하지요 그 후 빛과 어둠만큼 다양한 상징을 가진 속성도 드뭅니다. 일상 중에 많이 사용하는 빛은 선을 뜻하고 어둠은 악을 칭합니다. 빛은 용기와 희망을 상징하고 어둠은 절망이나 우울을 뜻하기도 합니다. 특히 예술작품 속에서 이 두 개의 속성은 동전의 양면처럼 인용되고 있습니다. 빛은 광자이자 전자기파로 실존하는 것이지만 어둠은 빛의 부재일 뿐입니다.

디카시는 빛의 예술입니다. 천지창조 첫째 날에 생긴 빛은 이제 인간의 디지털기술과 결합하여 시가 됩니다. 빛과 서정이 만난 예술작품, 오늘 손병규 시인의 「시대를 접다」를 읽어봅니다. 이제는 거의 쓰이지 않는 불꺼진 등이 주인공입니다. 등은 전기가 들어오지 않던 때, 어둠을 밝히는 귀한 도구였지요. 하지만 전기가 온누리를 밝히고 있는 지금, 쓸모없어 폐기되거나 장식용으로 쓰일 뿐입니다. 등의 시대는 끝난 거지요.

시인은 등을 전경前景으로 내세워, 시인 자신의 이야기이자 시대를 이야기하고 있습니다. 치열한 경쟁 끝에 새 대통령이 선출되었습니다. 한 시대는 이렇게 교체가 되나 봅니다. 위 디카시를 읽으며 나를 돌아봅니다. 등불은 '나'이거나 '내 아버지'이거나 '내 남편'이거나 주변에서 흔히 만날 수 있는 보통의 '누구' 일수도 있습니다. 가열하게 삶을 살아온 사람들, 은퇴 후 남은 것은 시간이 선물한 노화뿐인 것 같습니다. 영원할 것 같았던 젊음과, 내가 아니면 안 될 것 같았던 일터도 결국 내 것이 아니었지요. 하지만, 뜨겁게 살아냈기에 후회는 없다고 에둘러 말합니다. 시인의 마음이 충분히 읽히고 공감됩니다. 그렇게 시간은 흐르는 것이고, 먼저 살다 떠나신 분들처럼 그것이 자연의 이치겠지요. 그렇게 시대는 접히고 또 새로운 시대가 오나 봅니다.

 지금까지 잘 살아온 당신의 수고에 박수 보냅니다. 너무 쓸쓸해 마세요. 당신 덕에 어둠 속에서도 길을 잃지 않았고 당신 덕에 어둠을 물리치는 용기를 배웠습니다.

# 염려

내려놓으니

그거 별거 아니잖아

보낸 자리도

떠나온 자리도

저리 예쁘기만 한 것을


_손병만

시사모.한국디카시학회 회원
다솔문학회 회원
아마추어 사진작가

또 한 해를 살았습니다. 올해도 참 많은 일과 마주했고 환호를 올리거나 걱정으로 잠 못 이루며 휘청대기도 했습니다. 다양하고 새로운 위험과 문제가 이 순간에도 밀물처럼 우리를 향해 오고 있겠지요. 일본 작가 '마루야마 겐지'는 '사는 것은 싸우는 것이다'라고 말했습니다. 그 말에 전적으로 동의합니다. 내 앞에 있는 많은 문제로부터 나를 지키기 위해 매 순간 처절하게 싸워야 합니다. 때로는 그것이 물리적인 싸움도 있지만 참고, 견디고, 지키는 일도 결국 싸움이지요.

한 해를 마무리하는 시간 앞에서 '행복'에 대해 생각해 봅니다. 지난 한 해 얼마만큼 행복했는지요? 어떤 행복을 누렸는지요. 구체적으로 그 순간을 떠올려보십시오. 행복해지기 위해 우리는 무엇을 포기하고 어떤 싸움을 했는지요.
디카시 '염려'를 읽으며 푸르르 솟구치는 그리움, 요즘 제주는 동백이 절정이겠지요. 엊그제 눈이 내렸으니 눈에 덮인 동백꽃은 또 얼마나 더 아름다울까요. 마음 같아서는 당장에라도 제주에 가고 싶습니다. 동백꽃은 나무에 있을 때도 아름답지만 떨어진 장면은 더 장관입니다. 모가지째 떨어져 꽃자리를 만들고 있는 모습에서 비장미悲壯美를 만납니다.

 흔히 행복을 기원하는 축복의 말로 '꽃길만 걸어라' 합니다. 어떤 길이 꽃길일까요? 그 꽃길은 어디 있을까요? 저는 지난주 심리학자 서은국 교수의 '행복의 기원'이란 책을 읽었지요. 저자는 '행복은 크기가 아니라 빈도'라고 합니다. 또한 '행복은 관념이 아니라 경험'이라고 말합니다. 미래의 행복을 위해 오늘을 저당 잡히는 일보다는 작더라도 확실한 행복을 그때그때 누리라는 말이겠지요. 저는 그 길이 꽃길이라 믿습니다. 그리고 그 꽃길 위에서 만난 소중한 사람들 그 사람과 눈을 맞추며 밥 먹고 차를 마시며 살아가는 일, 그것이 '최고의 선 행복'이라 생각합니다.
 올 한 해도 애썼습니다. 고맙습니다.

# 중심의 위치*

긴 세월 돌아

찾아온 자리


_ 양승례


*복효근 시인의 시 제목을 그대로 씀

시사모, 한국디카시학회 동인
디카시1급강사자격 취득
충남에서 난농원 운영중

오늘 디카시를 읽으며 '삶의 의지와 의미'에 대해 생각합니다. 빛으로 쓴 시 속에는 연못의 정원석이 된 맷돌이 있습니다. 그리고 그 맷돌 중심축이 있던 작은 구멍에 싹이 올라와 있습니다. 탄성이 절로 나오는 장면이지요. 씨앗이 싹을 틔워 좁은 맷돌의 중심축을 통과해 세상에 나올 수 있는 확률이 과연 얼마나 될까요? 오래전 나는 김승 시인이 쓴 디카시에서 "삶은 확률이 아니라 의지다"라는 글을 읽은 기억이 있습니다.

 오늘 「중심의 위치」 역시 삶은 확률이 아니라 의지임을 재확인합니다. 긴 시간 동안 씨앗은 저 틈을 통과하기 위해 얼마나 애썼을까요? 그리고 몇 번의 고비를 이겨냈을까요? 어떤 강한 삶의 의지와 의미가 모든 고통과 고난으로부터 그를 지켜냈을까요. '빅터 프랭클'은 오스트리아 출신 정신과 의사이자 홀로코스트에서 살아 나온 사람으로 유명합니다.
 나치 수용소에 수감 되었던 경험을 바탕으로 쓴 자전적 심리서가 『죽음의 수용소』입니다. 그리고 그가 창안한 심리치료기법인 로고테라피logotherapy/의미치료는 "고통이 아무리 크더라도 의미를 찾아낸다면 이겨낼 수 있다"라고 말합니다. 즉 자기 삶에 긍정적이고 가치 있는 의미를 부여하는 것이 '로고테라피'의 핵심입니다.

지금 나는 어디 있는가? 긴 세월 돌아 찾아온 자리가 기름진 넓은 연못 다 놓아두고 하필이면 척박한 돌 위라니….

> 어떤 꽃은 절벽에 저를 세운다
> 내디딜 곳 없어
> 거기가 세상의 중심이 된다
> 어떤 외부도 꽃을 흔들 수 없다"

_복효근 시 「중심의 위치」

어디에 있든 내 삶의 중심은 바로 나 자신입니다. 중심을 잡고 내 삶에 긍정적이고 가치 있는 의미를 찾아보아야지요. 그리고 확률이 아닌 간절한 의지로 산다면 꽃 한 송이쯤은 문제없습니다.

투영

나무는 산으로 내려오라하고
구름은 하늘로 올라오라하네

밀려오는 파문 들여다보니

시린 생 위에
나 혼자 떠다니고 있을 뿐


_ 한지선

2025년《경남도민신문》신춘문예 디카시 당선
중앙대학교 산업경제학과, 문예창작과 복수전공
서울디카시아카데미 디카시 1급강사자격 취득

고려의 문신 이규보는 영정중월詠井中月에서 이렇게 노래합니다.

  산에 사는 스님이 달빛을 탐내
  병 속에 물과 달을 함께 길었네
  절에 돌아와 비로소 깨달았네
  병을 기울이면 달도 따라 비게 되는 것을

 우물에 비친 달은 현상일 뿐이고 실체는 하늘에 있는 달인데, 물을 떠서 담는다고 달이 그 속에 있을까요? 모든 현상과 작용 뒤에는 실체가 있습니다. 실체가 없는 현상은 허상일 뿐이지만, 종종 카메라 렌즈를 통해서는 이 허상조차도 문학의 중요한 역할을 합니다. 한국디카시학회에서 추구하는 '예술디카시'에서는 실체를 낯설게 한 모든 현상, 그리고 실체를 비튼 상상 모두 시가 된다고 합니다.

 디카시 「투영」의 사진은 상당히 몽환적인 느낌을 줍니다. 어디가 실체인지 그림자인지 한참을 들여다봅니다. 빛이 있는 곳에 반드시 존재하는 것이 그림자지요. 심리학자 '칼융'은 우리 내면에 억눌린 또 다른 자아를 '그림자'로 개념화했습니다. 그림자는 우리가 억압하고 숨긴 모든 것 또는 사회나 가족이 받아들이지 않는 자아의 일부라고 합니다. 그런데 융은, 그림자가 단순히 부정적인 특성을 나타내는 것이 아니라 자기 이해와 성장에 중요한 역할을 한다고 합니다. 그러므로 그림자는 피해야 할 대상이 아니라 창의성의 원천입니다. 그림자를 인정하고 수용하기까지 과정은 고통스럽지만 더 자유로운 자신으로 발전할 수 있다는 말입니다. 그것은 곧 자기감정을 이해해 주는 일이니까요

한지선 시인도 시작 노트를 통해 초라한 나를 그대로 인정하고 받아들인다는 말을 합니다. 이후 나를 온전히 비춰주는 디카시를 만났다는 고백을 합니다. 디카시를 통해 내 그림자를 만나 온전히 인정하는 특별한 순간은 헤르만 헤세가 말한 알을 깨고 자신의 세계에 도달하는 그 순간이 아닐까요.

틀

갖은 모양대로

세상이 담긴다


올곧게 반듯하게

지켜야 하는

마음


_ 최재우

계간 《시와 편견》 시 등단 (2021 봄호)
시사모. 한국디카시학회 동인,
디카시1급강사자격 취득
시편 작가회 회원, 한국사진문학협회 정회원

새해가 밝았습니다. 어제가 지난해가 된 새해 첫날 그냥 하루가 지났을 뿐인데 오늘부터 2024년입니다. 마지막 날과 첫날은 솔기를 맞대고 있는데 마음은 참 다릅니다. 공연히 쓸쓸해지는 어제였다면, 오늘은 이유 없는 희망이 생깁니다. 지난해 달력을 떼고 새해 달력을 벽에 겁니다. 올해는 시도 열심히 쓰고 운동도 열심히 하고 다이어트도 독서도 더 열심히 해야지, 올해는 어반스케치나 피아노를 배워볼 계획도 세워봅니다. 으레 새해 첫날 루틴처럼 하는 일이지요.

올해 첫 디카시는 최재우 시인의 '틀'입니다.

"갖은 모양 대로/ 세상이 담긴다//

올곧게 반듯하게/ 지켜야 하는/ 마음"

마음입니다. 지난해 마지막 날의 쓸쓸함도 오늘의 희망도 결국은 마음입니다. 프레임의 법칙(Frame law)을 아시는지요, 똑같은 상황이라도 어떤 틀을 가지고 해석하느냐에 따라 행동이 달라진다는 법칙이지요. 여기서 틀은 관점을 말하는 거라고 봅니다.

마음의 틀을 잘 지키는 것도 중요하지만 때로 마음의 틀을 바꾸면 세상을 더 넓게 다양하게 보입니다. 우리가 자주 쓰는 사자성어 중 '심기일전心機一轉'이라는 말이 있습니다. '마음의 틀을 한번 돌리다'라는 뜻이지요.

지금까지 갖고 있던 고정관념이나 자세 등을 완전히 바꾸는 것을 의미합니다. 살면서 자기가 경험한 것, 알고, 보고, 배운 것의 틀을 바꾸는 일 쉽지 않습니다. 내 삶이 통째 부정당하는 느낌이 들 수도 있지요. 그래서 나이가 들수록, 가진 것이나 아는 것이 많은 사람일수록 심기일전하기 어렵습니다.

시절은 매 순간 변하고 있습니다. 틀을 바꾸는 것은 생각의 유연성입니다. 올해는 마음의 틀을 좀 더 넓고 크게 보면 어떨까요, 오늘 시인의 시처럼 그곳에 우리의 올곧은 세상을 담아보는 것은 어떨까요?

행복한 새해맞이 하십시오.

# 풀이 죽다

겨울에 발견한

행운을 준다는 클로버


축 늘어진

남편 같다



_유레아

2020 계간 《시와편견》 봄호 디카시 등단
한국디카시학회 작품상 수상,
디카시1급강사자격 취득
시사모, 한국디카시학회 사무국장

행운을 상징하는 것들을 생각해 보았습니다. 참 많은 것들이 떠오릅니다. 2달러 지폐, 풍뎅이 딱정벌레, 말굽, 돼지꿈, 행운의 열쇠 등 생각보다 많은 것들이 우리 곁에 행운이라는 이름으로 있습니다. 요즘 일반 가정이나 식당 등에 걸어둔 해바라기 조화나 액자도 보았을 거예요. 그 그림도 부와 행운을 불러온다고 합니다. 행운의 상징하는 것은 나라마다 다르기도 한데, 동. 서양을 막론하고 누구나 아는 것은 '네잎클로버'가 아닐까 싶습니다.

 길을 가다 풀밭에서 '네잎클로버'를 발견하면 참 반갑습니다. 이후 별다른 행운을 만나지 않아도 기분 나쁘지 않습니다. '네잎클로버' 자체가 행운처럼 되어버린 거지요. 자연상태에서 네잎클로버를 찾을 확률은 만분의 일이라고 합니다. 만 개의 세 잎 클로버 중 하나를 찾았을 때 그 짜릿한 감동을 오래 누리고 싶은 심리로, 채집해서 자랑하거나 책갈피에 끼워놓기도 하지요.

 오늘 디카시 주인공은 수분이 빠져 말라가는

'네잎클로버'입니다. 그곳에서 시인은 한때 젊고 행운 같았던 남편을 떠올립니다. 이제는 직장에서 퇴직하고, 몸도 마음도 힘이 빠진 늙어가는 남자입니다. 용기도, 자신감도 없어지고 고집만 늘어난 남편 종종 안쓰러운 마음이 들기도 합니다. 하지만, 어느 날 책갈피에서 잘 마른 네잎클로버를 만나면 여전히 반갑고 기분 좋듯, 나이 들어가는 남편도 아내도 여전히 서로에게 행운입니다. 80억 명의 사람 중 찾아낸 한 사람입니다. 함께 한 지난 시간을 더듬으며 추억을 공유하고 있는 좋은 동반자입니다.

오늘은 풀이 죽은 그 남자, 그 여자에게 힘내라고 손잡아 주기 어떨까요? 젊었을 때보다는 아름답지 않지만, 한결 성숙해진 그 남자와 그 여자의 시간 들을 응원해 주는 것은 어떨까요?

# 가상 공간

화려한 옷차림 으스대는 빌딩

탐욕의 아스팔트가 도로를 달리고

문명이 거리를 어슬렁거린다

가끔 우리 공간이 낯설게 느껴진다

당신은 누구 십니까


_ 서경만

계간《시와 편견》디카시 등단(2023)
디카시집『작전본부』상재
동인지『시의 에스프레소』외 3권 공저

컴퓨터가 가져다준 혜택 중에 가장 효과적으로 이용하는 것이 "가상세계"라 합니다. 막연하게 상상하던 가상 공간을 컴퓨터를 통해 체험할 수 있지요. sns도 가상의 공간입니다. 그 안에서 실제 우리는 친구도 사귀고 쇼핑도 하고, 공부도 일도 합니다. 가상과 현실이 공존하는 곳이지요. 요즘 가장 많이 회자되는 단어 '메타버스'나 '챗 GPT도 가상세계의 대표적 예시지요.

우리는 언제부터 가상세계를 꿈꾸었을까요? 문명이 시작되면서라고 해도 과언이 아닙니다. '도연명의 무릉도원'도 결국 가상의 별천지를 그린 것이었고, '단테의 신곡'도 현실이 아닌 사후의 가상세계에 관한 이야기지요. 16세기 토마스모어도 그의 작품 『유토피아』를 통해 사회적 이상향을 이야기합니다. 문학작품 속 가상 공간은 상상으로 만들었기 때문에 현실보다 훨씬 이상적입니다. 모두가 가서 살고 싶은 곳, 누구나 평등하게 행복한 곳. '무릉도원'이 그랬고 '유토피아'가 그랬지요.

그런데 상상이 만든 가상 공간이 하나 둘 현실화되면서 자꾸 불안해집니다. 로봇이 일을 해주는 만화영화를 재미있게 보았는데, 막상 현실이 되면서, 로봇에게 일자리를 다 뺏길 것 같은 불안감을 현대인은 느끼기 시작했습니다. 실제 그런 현상이 우리 사회 전반으로 퍼지고 있습니다. 몇 가지 제시어만 주면 소설도, 음악도, 그림도 척척 만들어내는 쳇 gpt를 보며 마냥 좋아할 수만은 없습니다. sns의 친구가 수백 명이 되지만 진심을 털어놓을 친구 하나가 없어 우울합니다.

"인간은 상상을 통해 인간만의 문화를 만들었고, 문화를 통해 지구상 가장 성공적인 포유동물이 되었다. 인간다움은 문화에 있지만, 문화의 이름으로 강요된 악습과 억압은 불행의 근원이기도 하다." 최근 읽은 물리학자 김상욱 교수의 글 한 꼭지가 생각납니다.

오늘 디카시가 포착한 그로테스크 한 표정이 어쩌면 가까운 미래 우리 모습일지도 모른다는 생각이 퍼뜩 듭니다. 이 시를 쓴 시인이 외치듯 묻는 "당신은 누구십니까?"라는 물음이 엄중한 경고로 들리는 것은 무슨 까닭일까요.

# 홍어

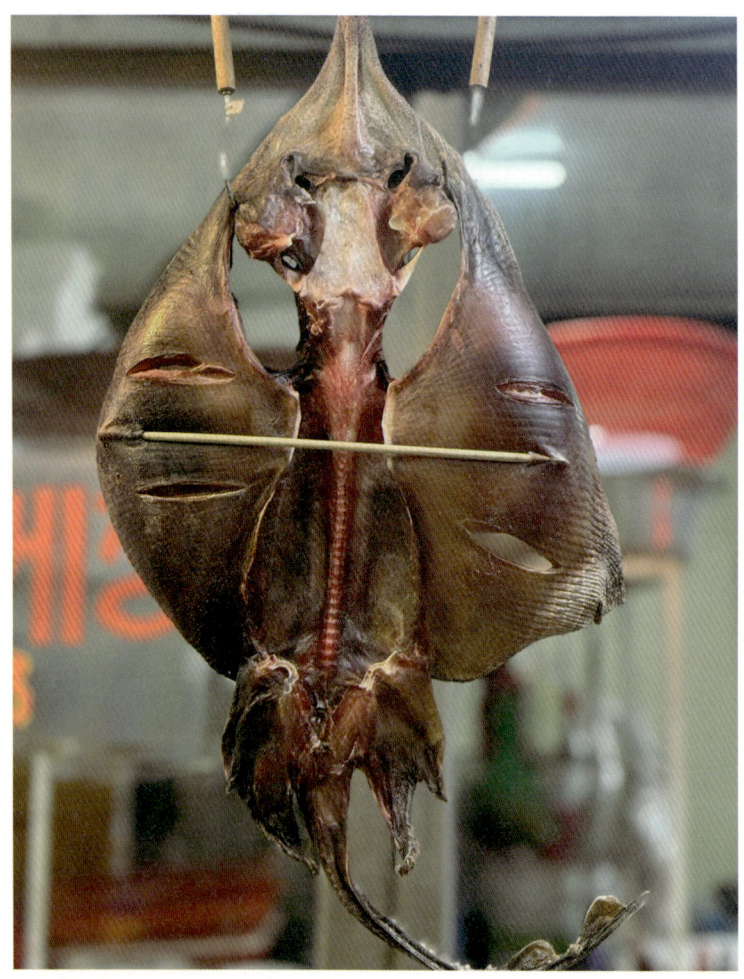

바다가 잡아먹고 버린 멍든 가슴으로는 비린

자식들을 건사할 수가 없어서

나는 썩지 않으려고 가슴을 도려내고 일평생 몸을

삭혀야 했다


_박성진

시사모. 한국디카시학회 동인
동인지《시의에스프레소》공동 참여

지난주는 설 연휴였지요. 연휴 내내 몇몇 지역을 제외하고 전국에 많은 눈이 내렸다니 혹시 눈 피해는 없었는지요. 귀성 행렬이 예전만은 못하다고 하지만, 여전히 민족대이동이라고 할 만큼 우리네 명절은 이동의 시간입니다. 예매하지 않으면 표를 구할 수가 없고, 고속도로는 한꺼번에 몰려든 자동차로 느림보 도로가 되지요. 모두 명절이면 만나는 풍경이라 새롭지도 이상하지도 않습니다. 그런 연유인가요? 명절 무렵 만나는 디카시의 대상은 고향, 부모님과 자연스럽게 연결되는데, 오늘 디카시 「홍어」도 그렇습니다. 속을 모두 빼내고 몸을 건조한 홍어. 시詩는 사물의 이미지를 새롭게 하는 작업이라고 합니다. 보이는 시와 읽는 시가 유기적으로 도우며 새로운 이미지를 만드는 디카시, 시인은 홍어를 놓고 부모님을 노래합니다.

 자식이 태어나면서 부모도 태어난다고 합니다. 자식이 커가면서 부모 역시 커나가는 거지요. 서툴지만, 자식을 건사하기 위해 당신들 속은 다 내놓고, 꿈도, 고통도, 수모도 삭히며 살아온 우리의 부모님, 부모가 되어보아야 부모의 마음을 알게 되는 부모와 자식의 관계, 중국의 한시 외전에는 이런 말이 있습니다. "나무는 고요 하고자 하나 바람이 그치지 않고, 자식은 봉양하고자 하나 부모는 기다려 주지 않는다" "부모는 기다려 주지 않는다"라는 말에 늘 마음이 무겁습니다. 내리사랑은 있어도 치사랑은 없다고 하니, 부모는 끝까지 부모로, 자식은 끝까지 자식으로서의 본분을 다하는 게 서러운 삶의 법칙일까요.

 또다시 한해를 선물 받았습니다. 이 땅의 모든 부모님, 그리고 그들이 사랑하는 자식들이 편안하시기를 기도합니다.

# 묶음의 필로소피아

운명으로 조각된 세월

길을 따라 걸어간다


세상을 향한

인연의 메아리


미래의 바람으로 머문다


_서 영

왕십리 연가_전국디카시 현장백일장 최우수상 수상작

계간《시와편견》디카시와 시 등단
2024년. 이형기신인문학상 수상,
2025신춘전국디카시공모전 대상 수상
시사모.한국디카시학회 운영위원,
디카시1급강사자격 취득

동서양을 막론하고 '지혜'는 인간이 가져야 할 덕목 중 하나로 보았습니다. 플라톤은 그의 스승 소크라테스를 따라 철학을 '필로소피아' 우리말로 '지혜 사랑'이라고 이해합니다. 왕십리연가 백일장에서 수상한 「묶음의 필로소피아」의 피사체는, 왕십리광장에 있는 '고산자 김정호' 동상의 부분입니다. 고산자 김정호의 열정과 집념을 한 장의 사진과 다섯 줄 이내의 시로 표현하기는 쉽지 않지만, 디카시이기에 가능한 일입니다. 이 글을 쓴 서영시인이 보내온 시작노트를 꼭 소개하고 싶습니다.

길, 나그네의 삶, 혼자라도 외롭지는 않다. 하늘과 땅과 공기를 탐색하며 걸어가는 길. 열정과 노력과 예술로 통하는 이 길. 생의 이별이 가까워질수록 더 가까워지는 '기적의 위업'을 상상해 보면서 향연의 빛을 따라불면의 밤을 채우며 미래를 이야기한다. 그렇게 묵묵히 오늘도 걸어간다.

당대 사람들의 오해와 질시 속에서 묵묵히 자기의 길을 걸어가는 사람, 우리는 그를 개척자 또는 선각자라 부릅니다. 고산자도 그런 선각자의 한사람이지요. 오늘 시인이 찍은 사진 동상의 옷자락 아래 그의 발을 보십시오. 발은 고산자에게도 이 시에서도 특별한 '피사체'입니다 고산자 김정호를 인터넷에 검색해 보면 '지도제작에 평생을 바친 외로운 지리학자'라고 나옵니다. 신분 사회인 조선의 평민이었던 고산자가 직접 전국을 답사하고, 백두산을 세 번이나 올라 완성했다는 '대동여지도!' 혹자는 그것에 대해 오늘날 만들어진 신화라는 평도 있지만, 어쨌든 그의 열정과 집념, 업적을 함부로 폄훼할 수는 없습니다.

세상으로부터 들려오는 모든 편견은 차단한 채 오로지 내 속에서 들리는 올곧은 소리에 의지 완성한 대동여지도, 그 개척자 정신이 오늘 이 시간에도 곳곳에서 꽃을 피우고 있습니다. 우리가 사랑하는 덕목인 지혜의 꽃입니다.

# 사랑의 온도

당신과 내가

하나 되는 순간

우리의 심장은

섭씨 100°C

_ 서목

한국방송통신대학교 국어국문학과 졸업.
한국디카시학회 회원
디카시1급강사자격 취득

나이를 먹어 가면서 가장 아쉬운 것 중 하나를 꼽으라면 '무덤덤해진다.'라는 것입니다. 특별하게 좋은 것도 없고 반대로 싫은 것도 많지 않습니다. 살면서 여러 가지 축적된 경험이 그렇게 만든 걸까요. 열정이 없어진 삶에 그저 어제 같은 오늘을 꿈꾸며 하루하루 살아간다는 이야기를 많이 듣습니다.

올 봄에 핀 꽃은 지난 수십 년 동안 봄에 본 것이며, 단풍도 보름달도 무수히 보아온 것이라 별다른 감동이 없습니다. 새로운 도구나 시스템 앞에서 자주 주눅이 들고 익숙한 것은 시들해지고…

그래도 아주 가끔 행운처럼 가슴 뛰게 하는 것이 있습니다. 각자 다르겠지만 오늘 서옥 시인은 그것이 '디카시 쓰기'라고 합니다. 사랑이 시작된 거지요. 디카시를 배우고 또 쓰며 시인은 그 힘으로 무더위를 이겨나가고 있다 합니다.

디카시는 특별한 도구나 특별한 장소를 요구하지 않습니다. 누구나 만날 수 있는 풍경과 내면의 내가 결합해 만드는 앙상블입니다. 일상을 디카시에 쉽게 담을 수 있을 정도로 현대인에게 가장 접근성이 용이한 문학임에는 틀림 없는 것 같습니다. 조금만 노력하면 바로 한 편의 디카시를 세상에 내어 놓을 수 있는 성취감을 맛볼 수 있지요.

 디카시가 이 땅에 발현된 지 이십여 년, 디지털시대에 최적화 된 문학장르로 진화를 거듭하고 있습니다. 또 sns를 통해 디카시와 유사한 듯 조금씩 차이가 있는 디지털 문학들이 다양하게 발표되고 있지요. 그러나 디카시, 특히 한국디카시학회가 추구하는 예술디카시는 방향이 분명히 있습니다. 즉 현장성이 있어야 하고, 사진과 시적 어울림의 작품성, 즉, 그 순간이 아니면 좀처럼 그것을 포착해 낼 수 없는 사진과 시인의 진술이 담긴 5행 이내의 시적 표현이 합쳐 더 확장된 의미를 만들어야 합니다.

 서목 시인은 여름철 광장이나 공원에서 만날 수 있는 바닥분수에서 포착된 포옹하는듯한 모습을 카메라에 담고 '사랑의 온도'에 대해 말합니다. 사랑의 온도가 따로 있을까요? 모든 불순물을 없애고, 순도 높은 물이 되는 섭씨 백도. 반칠환 시인의 시 「두근거려 보니 알겠다」에는 이런 글이 있습니다.

 "봄바람이 불고 또 불어도 삭정이 가슴에서 꽃을 꺼낼 수 없는 건 두근거림이 없기 때문"

 디카시 사랑에 빠진 시인의 온도는 뜨겁고 치열합니다. 또 날마다 섬 세해지니 무덤덤할 틈이 없지요.

# 가능성을 보다

일정한 간격으로 새벽이 온다

고투가 있어야 더욱 빛이 나는

보이지 않는 미끼로

감각을 낚는다


_ 신현준

시사모.한국디카시학회 동인
계간 《시와편견》 디카시등단
디카시집 『다가 간다는 것은』 펴냄

새해부터 남편이 부고를 가장한 문자피싱을 당했습니다. 친구 아버지가 돌아가셨다니 무심코 클릭을 했던 거지요. 뒤늦게 친구 아버지는 이미 수년 전에 돌아가셨고, 요즘 유행하는 피싱 문자임을 알게 된 거지요. 은행과 경찰서에 신고하고 여기저기 정지시키고 하는데, 족히 한 시간은 걸렸습니다. 친목 모임 총무 번호로 단체 대화방에 올라온 문자가 피싱 문자였다니 그 교묘함에 소름이 끼칩니다. 다행히 아직 피해가 접수된 것이 없지만 그래도 조마조마합니다. 운전면허증 등 개인정보로 대포폰도 만들고 교통사고 범칙금이 날아올 수도 있다니 말입니다.

오늘 디카시는 '주낙'이 주인공입니다.

촘촘하게 달린 가는 바늘에 미끼를 끼우고 바다에 던지면 수십 수백의 물고기를 한꺼번에 낚을 수 있는 어업 도구지요. 어민에게는 유리한 도구가 분명하지만, 낚이는 물고기 입장에서 주낙은 절대로 덥석 물면 안 될 위험한 미끼지요. "낚는다, 낚인다"라는 말을 자주 쓰고 듣습니다. 요즘 자주 접하는 인터넷 뉴스나 유튜브 등을 보면 구독자를 낚기 위해 온갖 방법을 다 쓰고 있습니다. 멀쩡하게 살아 있는 사람을 죽었다고 하고, 인격 말살에 가까운 루머, 협박, 폭력 등 가짜뉴스를 만들어내고 있습니다. 문제는 우리가 알게 모르게 그 가짜에 낚여 여론을 조장하는데 한몫하고 있다는 사실입니다. 우리가 주낙의 대상이 된 것입니다. 낚시를 던진 이의 목적은 분명합니다. 얻는 것 즉 이익이 있다는 거지요. 피싱을 당한 남편은 본인은 절대 안 당할 줄 알았다고 합니다. 사방에 미끼가 우리를 낚으려 호시탐탐 노리고 있습니다.

올해는 가짜뉴스 나쁜 일에 낚이지 말기를 바랍니다. 그리고 진짜 낚시꾼이 되기를 바랍니다. 사람이 먼저고 환경이 먼저고 자연과 이웃과 더불어 사는 사회를 만드는 낚시꾼이 되십시오. 쉽지 않겠지만 고투가 있어야 더욱 빛이 난다고 합니다.

# 멈춤을 생각하다

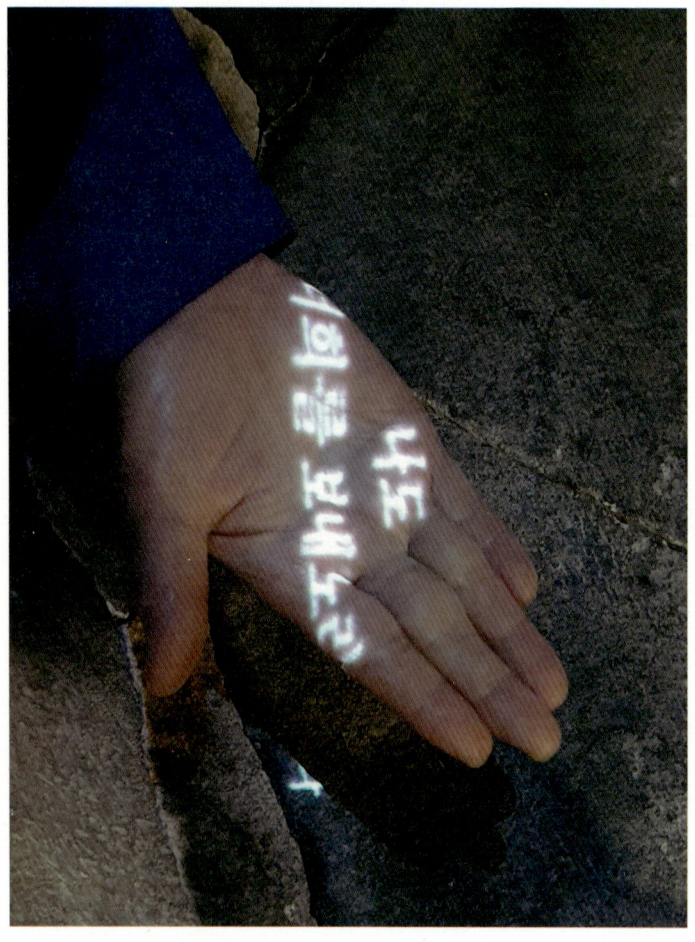

참과 거짓이 뒤엉켜

모호함만 떠다니는 혼돈의 그 곳


뱀의 언어로 기어나오는 혀 아래로

거꾸로 처박히는 순전한 말들


폭력의 늪에서 허우적거린다


_김영숙

한국디카시학회 1급 강사자격 취득
서울디카시아카데미 회원,
디카시1급강사자격 취득
왕십리 연가_전국 디카시 백일장 최우수상 수상

지금 우리는 살아 숨 쉬는 모든 것이 데이터가 되는 빅데이터(big data) 시대에 살고 있습니다. 생활이 디지털로 이뤄지면서 만들어진 이 시대는, 사회에서 벌어지는 모든 일을 분석해 실생활에 활용할 수 있습니다. 사람의 직감에 의존해 결정하기보다. 객관적인 근거로 예측 가능한 일을 할 수 있다는 말입니다. 실제 빅데이터를 활용 마케팅에 도입해 범죄예방이나 이상기후 예측 등 각 분야에서 고무적인 결과치를 얻고 있습니다.

이 시대가 주는 편리함도 있지만 반대로 혼란스러울 때도 많습니다. 특히 날로 정교해지는 '가짜' 때문에 피해당하는 경우도 많습니다. 인공지능 기술을 기반으로 만들어진 '딥페이커'가 대표적입니다. 가짜 이미지 가짜 동영상 가짜뉴스를 만들어 우리를 속이고 있습니다. 가짜를 만들어내는 기술의 진화는 매우 빨라서 아무리 속지 않으려 해도 속아 넘어갈 수밖에 없을 정도로 교묘합니다. 점점 서로 믿지 못하는 세상이 되어가고 있습니다.

저는 요즘 분별력에 대해 자주 생각합니다. 세상 물정에 대해 옳고 그름을 판단하는 능력을 분별력이라고 하지요. 분별력에 관한 책을 쓴 미국의 철학자 '핸리 데이비드 소로우'는 그의 저서 『월든』을 통해 "서두르지 말라"고 합니다. 빅데이터에 의지해 그 데이터만 믿을 것이 아니라 삶을 통찰할 수 있는 여유를 만들어야 합니다. 세상의 중심은 데이터가 아니라 사람이기 때문입니다.

잠시 멈춰보십시오. 무엇이 참인지 거짓인지 가짜는 어떤 모양으로 내 옆에 와있는지 찾아보십시오 무엇보다 우리의 분별력이 필요한 때입니다. 서두르지 마십시오.

# 또 새해를 맞습니다

그곳에는

비가 내리는지

혹은 눈 덮여 고요한지

아버지, 여기는 너무 춥습니다


_김명의

인천거주
시사모 · 한국디카시학회 회원

휴대폰의 기능 중에 가장 자주 쓰이는 것은, 통화나 검색의 기능을 이용하는 경우보다 '사진 찍기'가 아닐까 싶습니다. 남녀노소를 막론하고 어디서고 풍경을 담는 모습을 자주 만납니다. 풍경을 찍는 이유는 여러 가지가 있겠지만, 기록의 의미도 큽니다. 맛집 간판을 누르며 전화번호도 찍고, 대형 주차장에서 장소를 잊지 않기 위해서도 카메라 셔터를 누르지요. 부모님 산소도 찍고 산소 가는 길도 찍고 그날 함께 갔던 사람들도 카메라에 담습니다. 그 많은 장면 중 특별한 순간, 특별한 감흥을 잡으면 '디카시'가 됩니다. 그러므로 디카시는 일상 기록으로의 기능이 충분한 문학 장르지요. 어쩌면 향기가 기억을 되살린다는 '프로이트 효과'보다 더 명료한 기억의 감흥을 사진이 되살려주고 있다고 저는 봅니다. 같은 날 같은 장소라도 감흥이 다른 자기만의 이야기를 만들어내는 것이 바로 '디카시'인 것입니다.

 오늘 디카시 「또 새해를 맞습니다」를 읽으며 말로는 표현할 수 없는 그리움에 목이 아파옵니다. 컬러가 최대한 절제된 눈 덮인 무덤, 검은 비석이 우두커니 서 있는 쓸쓸하고 황량한 풍경, 렌즈는 보이는 풍경과 보이지 않는 화자의 슬픔까지 모두 담아냈습니다. 더 이상 무슨 말이 필요할까요? 지극한 슬픔 앞에 구구한 말은 오히려 방해가 될 뿐, 침묵의 언어 또 새해를 맞습니다. 사랑하는 사람이 떠나면 모든 일상이 멈춰버릴 것 같은 슬픔에 함몰되지만, 살아 있는 사람은 또 살아가는 것이 삶이다지요.

> 잘살고 있구나 내 사람들아
> 고생이 많구나 내 자식들아
> 잊지 않고 찾아줘서 고맙다
> 날이 추우니 따뜻하게 입어라
> 우리는 괜찮으니 너희들 올해도 건강하게
> 잘 살아라.....

소리 없는 목소리가 저 무채색의 고요가 그렇게 말하고 있습니다.

# 더부살이

누가 주인일까

처음엔 그저 조금

곁을 내주었을 뿐인데


_김선미

계간《시와편견》디카시 등단(2020),
《월간문학》시 등단
한국디카시학회 동인
한국아동문학회 회원, 전남문인협회 디카시위원장

디카시는 사진의 설명이 아니라고 늘 머릿속에 넣어 두고 있지만, 어느새 사진을 설명하는 경우가 많습니다. 사실 사진을 설명하는 일은 매우 단편적입니다. 하지만, 시인의 생각이 들어간 진술은 다양한 해석이 가능해서 짧지만 풍요로운 이야기를 나눌 수 있습니다.

 오늘 시인은 시작 노트에서 고목에 붙은 구름버섯을 보며 '더부살이'를 생각합니다.

 재개발, 재건축을 통해 수많은 아파트가 세워지고 있지만, 서민들에게는 그야말로 그림 속 풍경일 뿐입니다. 그에 비해 숲에서 만난 큰 나무는 제법 듬직하고 사려 깊은 이웃 같습니다. 제 몸을 내주어 더불어 살아가니 말입니다. 더부살이의 사전적 의미는 남의 집에 얹혀사는 일이나 그런 사람 또는, 나무나 풀에 기생하는 식물입니다.

 저는 어릴 적 꿈이 '빨간 머리 앤'이 되는 거였습니다. 우습지만 사실입니다. 보통 어릴 적 꿈은 대통령이나 선생님 미스코리아 등인데 말입니다. 한번은 내 머리카락은 왜 빨간색이 아닐까? 고민하다가 식초로 감으면 된다는 말에 그렇게 했다가 혼쭐이 나기도 했었지요. 물론 지금도 '앤셜리'는 여전히 좋아합니다.

'앤셜리'라는 고아 소녀가 남자아이를 원했던 할아버지 집에 잘 못 입양되어, 더부살이를 하면서 시작되는 '빨간 머리 앤'은 캐나다 작가 '루시모드 몽고메리'의 1908년도 소설입니다. 지난 113년 동안 소설로, 드라마, 영화, 만화로까지 만들어졌으니 전 세계 사람들이 읽고 보았다고 할 수 있겠지요.

 사람들이 백 년 넘게 '빨간 머리 앤'을 좋아하는 이유는 뭘까요? 비록 남의 집에 입양되었지만, 특유의 유쾌한 에너지로 자신의 삶과 이웃의 삶까지 변화시킨 이야기에 감동했기 때문이라고 저는 생각합니다. '더부살이'에서 '더불어 살기'가 된 것이지요.

 사람과 자연이 더불어 살고 노인과 젊은이가 함께 사는 곳 장애인과 비장애인이 막힘없이 서로 곁을 내주고 손을 잡아주는 곳 저는 오늘 다카시를 읽으며 생각해 봅니다.

## 담백한 여운

움켜쥘 땐 잔뜩
힘만 들어가더니

펴고 보니

느낌이 좋다
내 것이 아니었다


_최현우

2024년 계간《시와편견》디카시 등단, 시사모.
한국디카시학회 회원
부산디카시아카데미 제4기, 5기, 6기 전과정 수료
한국해양과학기술원 AI센터 근무(정보학 박사)

지난해 내내 치과에 다녔지요. 치과에 가는 일이 즐거운 사람 있을까요? 긴장하고 누워있는 제게 간호사가 자꾸 "몸에 힘을 빼라"고 해요 힘을 빼고 누웠다고 생각하지만, 어느새 뻣뻣해진 몸, 치료를 받는 동안 치통은 그렇다 치고, 어깨며 목의 통증으로 고생했습니다.

 일상 중에 힘을 빼라는 말을 많이 하고, 듣습니다. 수영을 배울 때도 서예를 배울 때도 힘을 빼야 잘할 수 있다고 하지요. 지난 12월 딸아이의 제안으로 가족사진을 찍었습니다. 머리 모양도 만지고 화장도 하고 옷 색깔도 정해서 입고 사진관에 갔지요. 이런저런 포즈를 취하며 사진을 찍는데, 웃는 모습이 자연스러운 남매와는 달리 우리 부부는 표정이 자연스럽지가 않았어요. 분명 활짝 웃었는데, 사진기사가 자꾸 웃으라고 합니다. 내 마음은 웃고 있는데 얼굴 근육은 힘이 들어가 웃는지 우는지, 애매한 상황이 된 거지요.

 글을 쓸 때도 그렇습니다. 시와 시작 노트를 읽어보면 어떤 경우에는 시작노트의 내용이 시보다 훨씬 더 좋을 때가 있어요. 왜 그럴까요?

노자는 『도덕』'을 통해 "물 흐르듯이 부드러워라"라고 말합니다. 강하지만 부드러움과 유연함의 가치를 잘 알려주는 명언이지요. 삶을 살아가는 동안 우리는 수많은 문제 앞에 서게 됩니다. 삶이 꼭 계획대로 살아지는 게 아니잖아요? 어떤 노래 가사처럼 "어디가 숲인지 어디가 늪인지" 우리는 전혀 모르고 길을 갑니다. 그래서 겸손이 필요합니다. 물이 흐르듯 유연하고 부드러운 자세가 강한 힘보다 더 큰 힘을 발휘할 때가 많습니다. 부드러움과 유연함은 겸손이고 지혜라고 생각합니다.

온몸에 힘을 빼보십시오. 내게서 불필요한 것들이 오늘 포착 시의 모래알처럼 빠져나갈 것입니다. 느낌이 참 좋지요? 나를 힘들게 했고 삶을 필요이상 무겁게 했던, 모두 내 것이 아닌 것들과 이제 헤어지는 겁니다.

# 동반자

어디에 내놔도 으뜸이다

눈 맞추고 손 맞잡고

같은 곳을 향해 가고 있는


너라서 좋은



_ 김태경

2012년《열린문학》시 등단
2023년《시와편견》디카시 등단
한국디카시학회, 부산시문인협회 회원

지난주 백두산에 올랐습니다. 독서 모임을 하는 친구 셋과 함께였지요. 백두산은 알다시피 서파와 북파로 올라가는 방법이 있습니다. 서파는 천오백여 개의 나무계단을 걸어서 천지까지 가야 합니다. 나무계단 걷기가 쉽지 않았지만, 지칠 때마다 힘내라고 응원해 주는 친구들이 있어서 무사히 오를 수 있었지요.

영국의 한 신문사에서 퀴즈를 냈습니다. "런던에서 맨체스터로 가장 빨리 가는 방법은 무엇인가?" 두둑한 상금이 걸린 이 퀴즈에 많은 사람이 답을 냈는데 일등을 차지한 답은 "좋은 친구와 함께 가는 것"이었지요.

여행도 삶도 목적지가 중요하지만, 그보다 중요한 것은 동반자입니다. 누구와, 또는 무엇과 함께하느냐에 따라 상승효과는 절대적 차이가 나지요. 그래서 삶이라는 여정 중에 좋은 스승을 만나고, 좋은 친구를 만나고, 좋은 배우자를 만나는 것은 큰 행운이라고 합니다.

오늘 디카시의 사진을 보십시오. 창공을 나는 두 마리

새입니다. "어디에 내놔도 으뜸이다/ 눈 맞추고 손 맞잡고/ 같은 곳을 향하여 가고 있는" 다른 누구도 아닌 "당신"이라서 참 다행이고 좋습니다. 문득 아프리카의 속담이 생각납니다. "혼자 가면 빨리 가고 함께 가면 멀리 간다." 지금 내 삶과 동행하고 있는 존재들을 떠올립니다. 가족, 친구, 스승 그리고 문학과 독서, 이름 모르는 야생초, 매일 마시는 차나 커피, 오래된 등산스틱까지, 어느 것 하나 소중하지 않은 것이 없습니다. 덕분에 힘들지만 감사하고 삽니다. 그리고 나 또한 그들에게 아름다운 동반자이기를 바랍니다.